Karin E. J. Kolland

Intuitives Reiki

NACH SENSEI MIKAOMI USUI®

DER 1. GRAD

DIE KOSMISCHE
MUTTERSPRACHE

H a n a e l Bücher mit Seele

Umschlaggestaltung: Dokumenta Graz.
Lektorat: mit Hilfe von Freunden
Satz: Karin E. J. Kolland
Druck: Slowenien
3. Auflage 2004, überarbeitet

ISBN 3-9500745-1-1

Gewidmet in Liebe, in großer Verbundenheit
und mit Freude all jenen Menschen,
die inmitten des Trubels unserer Welt
sich tagtäglich daran erinnern, wer sie wirklich sind!

Danke allen Freunden des Lichts,
die bei der Herstellung dieses Buches mitgeholfen haben.

Inhaltsverzeichnis

Liebe Leserin, lieber Leser,
be--hand-le dich gut!

Alles rund um uns ver nderte sich in gro er Geschwindigkeit. Die Anforderungen, die die Evolution unseres Planeten Erde an uns stellt, sind gro . Jeder Gedanke, jedes Wort und jede Geste hat eine immer st rker werdende Kraft zur Verwirklichung. Das funktioniert dort, wo wir unsere Bewusstheit zielgerichtet einsetzen; es wirkt aber auch da, wo wir unbewusst und unbedacht handeln.

Wir sind diejenigen, die unser Schicksal gestalten. Wir haben es in der Hand. Mit Reiki, der nat rlichen Heilkraft unserer H nde, gelingt es leichter, das Leben in den Griff zu bekommen. Vorausgesetzt wir beginnen bei uns selbst. Wer sich selbst gut behandelt, friedlich und ausgeglichen ist, wer sich wohl f hlt in seiner Haut, der wird dies auch ausstrahlen und andere Menschen, Tiere und die Naturwesen, gut und r cksichtsvoll behandeln.

So w nsche ich dir liebe Leserin, lieber Leser, viel Freude mit diesem Buch. M ge das Reiki-Licht der kosmischen Urquelle immer mit dir sein.
Karin Erika-Luise Johanna Kolland

Meditation

霊気

Tief im Zentrum meines Wesens

gibt es eine unendliche Quelle der Liebe.

Meine Liebe erfüllt meinen ganzen Körper, mein Wesen, mein Herz und mein Bewusstsein. Jetzt lasse ich meine unendliche Liebe strömen. Ich öffne mein Herz und all meine Liebe strahlt von mir aus in alle Richtungen. Sie umhüllt und durchdringt alle Wesen dieser Erde, des Wassers und der Luft. Sie berührt alle Menschen zärtlich in ihrem Herzen. Meine Liebe verbindet mich mit der Weisheit des Kosmos, sie verbindet mich mit den Engelwelten und den aufgestiegenen Meistern und wird von deren Liebe gespeist. Überreich fließt alle Liebe zu mir zurück.

In der Unendlichkeit des Lebens, dort wo ich bin, ist alles ganz und vollständig.

Ich bin eins mit der unendlichen Macht

der göttlichen Liebe.

Kosmische Muttersprache

Die Welt, in die wir als Menschen hineingeboren werden, ist im Gegensatz zu den Tieren, die direkt im Schoß der Mutter Erde landen, die Welt der Hände. Meist sind es die Hände der Hebamme, des Arztes, der Mutter, des Vaters, die uns empfangen. Es sind nicht Worte sondern Hände, die uns in unseren ersten Weltentagen versorgen. Hände halten und führen uns und wir lernen uns an diesen Händen zu orientieren. Im Krabbeln und im Tasten erfahren wir uns selbst über unsere Hände. Wir erleben die ersten beruhigenden und Geborgenheit schenkenden Grenzen unserer kleinen Welt. Da, wo keine schützenden Hände sind, erfahren wir die ersten harten Schläge und den Schmerz.

Die erste Muttersprache, die wir erleben, für alle gleich, egal ob in Afrika, Amerika, in Japan oder hier in Österreich, ist die Sprache und die Welt der Hände. Hände, die uns halten, die uns wickeln, die uns streicheln, die uns füttern, uns beruhigen, die uns führen, die uns Geborgenheit und Sicherheit schenken. Es ist die Energie, die Sprache der Hände, die uns belehrt. Manchmal erleben wir die Hände weich, sanft und nachgiebig, manchmal erleben wir einen festen Griff, streng und richtungsweisend, ernten gar ein hartes Stopp, ein Nein. Manchmal erfahren wir auch Unsicherheit oder Nervosität aus diesen Händen. Wir erfahren Behutsamkeit, Zärtlichkeit und Schutz.

Eine Vielzahl von Erfahrungen und Eindrücken wird uns als kleines Menschenwesen durch Hände beschert, lange bevor unsere anderen Sinne, wie Sehen und Hören, so weit entwickelt sind, dass wir uns an ihnen orientieren können. Und doch geht es schnell voran mit unserem Wachstum, unserem Begreifen, mit unseren Wandlungen.

Erinnern wir uns an unsere Kindheit, dann wissen wir wie subjektiv, wie wandelbar unsere Welt ist. Die Welt bleibt immer subjektiv und wandelbar, weil alles, was wir von dieser Welt wahrnehmen können , von unseren subjektiven physischen, psychischen und geistigen Möglichkeiten abhängig ist. Ein Blinder wird die Welt anders wahrnehmen als ein Sehender, ein Tauber anders als einer, der hört, ein Gelähmter anders als einer, der sich bewegen kann. Wir werden größer und lernen über die engen Grenzen der eigenen kleinen Welt hinauszusehen und machen uns auf die Reise, die Welt als Ganzes, den Kosmos, das Universum zu erkunden. Wir wandern über Berge und durch Täler, segeln über Meere, fliegen über Kontinente, bestaunen das sternübersäte nächtliche Firmament, wir studieren mit rauchenden Köpfen die kleinsten Zellbausteine unterm Mikroskop, wir rechnen und kalkulieren. Wir setzen das Kleine in Verbindung zum Großen, versuchen das Lebendige vom Toten zu unterscheiden, wir entdecken den Gleichklang von Innen und Außen, wir suchen nach dem Anfang und finden kein Ende. Wir erkennen, dass unsere subjektive Betrachtung der Welt, des Weltalls, uns mit einer tatsächlich unbegreiflichen Weite in Verbindung bringt und es uns in einem Menschenleben unmöglich ist, auch nur einen Teil der kosmischen Vielfalt und Gesetzmäßigkeit zu studieren.

Viele Menschen fühlen sich durch die Vielfalt des Lebens manchmal überfordert. Sie können das Ganze nicht mehr überblicken und verlieren Halt und Vertrauen. Manche werden ängstlich und misstrauisch, der Zweifel regiert ihr Leben. Um dem Chaos zu entfliehen suchen sie Halt an Stützmauern: Existentialismus, Materialismus, Kapitalismus, Dogmatismus, Perfektionismus. Und viele Regeln und Gesetze werden errichtet, Stützmauern und Dämme, um die Bedrohung der unkontrollierbaren Flut der Vielfalt zurückzuhalten. Mögen uns zwar diese Gesetze als Stützmauern durchaus so manchen Dienst erweisen, heißt es doch sehr achtsam zu sein. Denn werden aus Stützmauern Trennmauern, dann werden aus Leitbildern Leidbilder und schlagen um in Fatalismus, Kriminalismus, Masochismus und subtile oft auch unbewusste Zerstörung. Der Geist wird krank, die Psyche wird krank, der Körper wird krank. Der Halt ist verloren und das Außen wird zur Bedrohung, die Welt ist nicht mehr okay, die Flucht beginnt. Der Kampf beginnt.

Manchmal können wir die Welt nicht mehr begreifen als etwas, DAS IST, WAS ES IST, unabhängig von unserer subjektiven Kenntnisnahme, Bewertung und Beurteilung. Denn wir sind weit weggeglitten von der Sicherheit unserer ersten Muttersprache: der Sprache der Hände.

Muttersprache,
Sprache der Hände,
sanft, zärtlich, mitfühlend, heilend,
Reiki

Reiki, die *„energetische Sprache“* unserer eigenen Hände, verbindet uns wieder mit dem heiligen Urwissen in uns. Wir lernen zu erkennen, dass die große Gottheit uns erschaffen hat, voller Liebe.

Wir sind also gut, so wie wir sind! Sind vorbereitet worden von Uranbeginn, mit aller Weisheit in uns selbst, uns selbst zu entdecken, unsere Erfahrungen zu machen und zu wachsen. Wir entwickeln uns. Und in dieser Entwicklung ist jedes Stadium wichtig. In Zeiten der Krise hilft Reiki, uns daran zu erinnern, wer wir wirklich sind, nämlich Gottes geliebte Kinder auf dem Weg zu ewigem Leben und zur Glückseligkeit.

Durch die Risse des Glaubens
schimmert das Nichts.
Doch schon der Kiesel
nimmt die Wärme an
der Hand.

Reiner Kunze;
Möglichkeit, einen Sinn zu finden.

Be-HAND-lung

Die erste Sprache, die wir als Menschen erleben,
ist die Sprache der Hände.

Durch jede Hand fließt Lebensenergie.
Lebensenergie ist Energie aus jener Quelle,
der alles Leben entspringt.

In unserer deutschen Muttersprache verweist das Wort
be-hand-eln
auf die Heilkraft der Hände.

Diese Heilkraft
- der Japaner Sensei Usui hat sie für uns wiederentdeckt -
ist in uns und lehrt uns sie bewusst anzuwenden.
Er nannte dies Reiki,
was universelle Lebensenergie bedeutet.

Erinnere dich, wer du bist!

Als ich in den ersten Reiki-Grad eingeweiht wurde, hatte ich noch keine Vorstellung von der tiefen Erfahrung, die ich mit meinen Händen machen würde. Aber ich erinnere mich noch genau an die schnell in mir vorbeiziehenden Bilder, die mein Herz bewegten, als ich da mit heißen Händen am Boden inmitten des Seminarraumes lag, kuschelig eingehüllt in meine Decke. Ich erinnere mich noch genau: Eine Hand hatte ich auf meinem Bauch und eine auf meiner Brust über dem Herzzentrum. Es waren meine Hände, die mich horchen ließen; hineinhorchen in Erinnerungen, die wohl in jeder einzelnen Körperzelle gespeichert waren. Erinnerungen, die bewegten Bildern gleich, nun in mir erwachten, sich erhoben und an meinem geistigen Auge vorüberzogen.

Den Daumen fest umklammert, ruhte meine kleine Babyhand eingebettet in die Wärme der Hand meiner Mutter allabendlich bis ich eingeschlafen war. Ich sah und fühlte die Hand meiner kleinen Schwester in meiner Hand, gemeinsam über die Wiese springend. Die Hand meiner ersten Jugendliebe scheu und zaghaft. Die Hand einer Krankenschwester mich stützend nach der Blinddarmoperation. Sah Männerhände fordernd und begehrend, denen ich entfloh. Und ich sah und fühlte meines Vaters Hand, kameradschaftlich, mich durch den Wald geleitend. Ich sah und fühlte, wie meine Hände sich veränderten. Aus feinen, schlanken und zarten Mädchenhänden wurden kräftige Frauenhände, die zupacken konnten, die harte Arbeit gewöhnt waren. Ich erinnerte mich an mein Leben. Ich erinnerte mich an meine Realität, an die Tiefe und Lebendigkeit meiner

Vergangenheit.

Ich erkannte die Ganzheit und Einheit der Realität. Es war, als erweckte die Energie, die nun aus meinen Händen in meinen Körper einströmte, diesen Körper und alles, was er erlebt hatte zu vollem Bewusstsein. Eine Wahrnehmung, klar und unverhüllt. Eine neue Lebendigkeit durchströmte mich und hob mich heraus aus meinem verschwommenen Lebenstraum in die Frische und Natürlichkeit, die Klarheit des Erwachtseins. Mein Gefühl war, endlich gefunden zu haben, was ich so lange suchte: mein geistiges Zuhause.

Ich fühlte, wie meine Hände meinem Körper, mir, meinem ganzen Wesen stark und deutlich den Impuls gaben:

Erinnere dich!
Erinnere dich, wer du wirklich bist!

Obwohl ich es damals noch nicht begreifen konnte, weiß ich heute, dass ich in jenen ersten Viertelstunden mit meinen Reiki-Händen die intuitive Muttersprache der kosmischen Wahrheit wiederfand. Und mit dieser die Weisheit, die Ordnung, die Heimat, aus der ich komme und in der ich geborgen bin. Ich hatte das Gefühl, nun bin ich daheim! Damit begannen sich die ersten Schleier zu heben, die mir den Zugang zu meinem eigenen inneren Wissen verborgen gehalten hatten. Ich erwachte in meiner natürlichen Spiritualität.

Damals wusste ich noch nichts über die Reiki-Geschichte, die Reiki-Lehre von Usui, Hayashi und Takata. Wusste nichts über die Ursprünge dieser Lehre im Buddhismus, Taoismus und Shintuismus. Wusste nichts über die Qi-Gong-Techniken des tibetischen Reikiursprungs, die Gassho-Meditation, Reiji-Ho oder Byosen Techniken, wie sie später von einigen Reiki-Meistern anderer Schulen gelehrt wurden. Was ich durch die Einweihung erlebte, war eine weite Öffnung und ein direkter Zugang zu meiner natürlichen Spiritualität.

Du bist es,
die oder der die Sonne sehen soll.
Du bist es,
die oder der sich selbst erkennen soll.
Du bist es,
die oder der das Wunder
der Selbsterkenntnis erleben soll.

Deine Erinnerungen lieber Leser, liebe Leserin sind andere Erinnerungen als meine, deine Erfahrungen sind andere Erfahrungen als meine, dein Wissen mag anders sein als meines. Jedoch in deinen Zellen liegt die Wahrheit, das Urwissen, ebenso eingebettet wie in meinen Zellen. Und welche Erfahrungen du oder ich oder ein anderer gemacht hat, das gleiche kosmische Gesetz, die gleiche Ordnung, der gleiche Urgrund nährt uns. Denn wir alle sind Kinder des gleichen und einen kosmischen *„Mutter und Vater Prinzips,"* Gott. Jeder einzelne ist wichtig, wertvoll und einzigartig, auch wenn unser Zugang zu Reiki unterschiedlich sein mag.

ICH BIN

Erinnere dich!
Erinnere dich, wer du wirklich bist!

Du bist ein Kind Gottes,
ein Kind der gleichen
kosmischen „Mutter und Vater Gottheit."

Du bist ein Teil des Ganzen!
Du bist wichtig, wertvoll und einzigartig!

Reiki kommt zu dir

Nicht du kommst zu Reiki, sondern Reiki kommt zu dir! Dann, wenn die Zeit reif ist. Es beginnt damit, dass dich ein Impuls erreicht! Vielleicht ist es eine Freundin, die dir von Reiki erzählt, ein Freund, der dir die Hände auflegt. Vielleicht ist es ein Buch über Reiki, das dir in die Hand fällt, ein Vortrag, ein Artikel.

Beginnst du dich jetzt für Reiki zu interessieren, so kommt als nächster Schritt die Auswahl deiner Reiki-Meisterin oder deines Reiki-Meisters auf dich zu. Ob du nun bewusst suchst, spontan reagierst oder eher irgendwo, bei irgendwem in ein Seminar hineinstolperst, wird sich zeigen. Wichtig ist, dass du zu erkennen beginnst, dass du genau dort hinkommst, wo es für dich die beste Lernmöglichkeit gibt. Und möglicherweise ist der „schlechteste Lehrer" in deiner momentanen Entwicklungsstufe der „beste Lehrer" für dich! Denn es liegt in der kosmischen Gesetzmäßigkeit von Ursache, Wirkung und Resonanz, dass deine Schwingung in persönlichen Bezug steht zu allen Ereignissen in deinem Leben. Vertraue auf dein Gefühl, auf deine Intuition, sei wach und wachsam, dann wirst du einen liebevollen und guten Reiki-Lehrer finden. Was jedoch noch viel wichtiger ist als der Lehrer, ist Reiki selbst! Aus deiner eigenen Erfahrung mit Reiki kannst du am meisten lernen. Die Technik ist dabei nicht das Wichtigste! Wichtig ist es, dich für Reiki wirklich zu öffnen, die Energie aufzunehmen, dich regelmäßig zu behandeln und ehrlich bereit zu sein immer wieder aus deinen Lebenserfahrungen zu lernen.

Licht

Nicht du kommst zu Reiki, sondern Reiki kommt zu dir!

Das kosmische Gesetz
ist, was es ist.

Was immer in unserem Leben geschieht,
wann und wo wir geboren wurden,
wohin wir kommen, wem wir begegnen,
ist Offenbarung dieses Gesetzes.
Da wir aktiv mitwirken im Großen Ganzen
hat jedes Ereignis etwas mit uns zu tun.

DAS, WAS IST,
zeigt uns, was wir zu lernen haben.

Die Einweihungen

Die Einweihung ist eine heilige Zeremonie. Durch die Einweihung wird die Verbindung mit dem göttlichen Geist hergestellt, wir werden auf den göttlichen Geist eingestimmt. So wie man mit einer Stimmgabel sich auf den richtigen Ton einstimmt, stimmen wir uns ein auf das Licht, die Schwingung, die Sprache Gottes. Eigentlich ist das Leben, das ganze Leben, von Minute zu Minute, von Sekunde zu Sekunde eine Einweihung. Das bedeutet, dass es in jedem Moment eine Wahrheit, einen ganz speziellen Blickpunkt, einen Blickwinkel gibt, der als solcher wieder vergeht, der es uns aber doch ermöglicht in Verbindung zu sein und zu bleiben mit der ewigen Wahrheit des kosmischen Prinzips. Wir bemerken im alltäglichen Leben die Einweihungen oft nicht! Oder hoffnungsvoller ausgedrückt: noch nicht! Die vier Einweihungen, die wir im ersten Reiki-Grad erfahren, sind heilige, ja heilende Zeremonien. Rituale, die durch die Hände der Reiki-Meisterin uns tief mit Reiki verbinden. Ein stilles Geschehen, ein Geschenk, eine sehr große Hilfe.

Die Reiki-Einweihungen sollen dir helfen
wach und achtsam zu werden.
Die Reiki-Einweihungen
sollen dir das Leben im Hier und Jetzt bewusst machen.

Die Reiki-Einweihungen sollen dich erkennen lassen,
dass du ein Teilchen, ein wichtiges, wertvolles
und göttliches Teilchen im kosmischen Ganzen bist.

Sie sollen dir zeigen, dass der göttliche Funke
in jedem von uns verborgen liegt.
Diese Einweihungen verbinden dich mit dem Urgrund,
der Urquelle, der Ursprache der göttlichen Energie,
der Weisheit, der Heilkraft und dem Licht.
Wir nennen dies Reiki.

Eine Einweihung, eine Weihe ist daher immer eine Zeremonie, die höheres Bewusstsein weckt. Ein Ritual der Segnung, in dem wir geheiligt und in den göttlichen Dienst gestellt werden. Wir werden eingestellt wie ein Radiosender, um die heilende Schwingung, die Frequenz und den Klang des Urlichts mit seiner Botschaft aus dem göttlichen Kanal empfangen zu können. Indem wir die Einweihung annehmen, haben wir die Chance, etwas aus dieser Urquelle tatsächlich aufzunehmen und in unser Leben einzubringen. Jetzt sind wir verbunden mit Gott und der Großen Göttin, mit Licht und mit göttlicher Liebe. Wir beginnen unsere kosmische Muttersprache wieder verstehen zu lernen und können uns entschließen, dem göttlichen Geist zu dienen und die Kommunion anzunehmen. Unsere Reiki-Meisterin, unser Reiki-Meister hilft uns, indem er oder sie selbst in tiefer Kommunion mit der Urquelle ist. In Kommunion sein bedeutet ja nichts anderes, als die heilige Nahrung, die göttliche Speise, die Energie, das Licht zu empfangen. Reiki wird uns übergeben durch die Hände, die Symbole und die uralten heiligen Anrufungen. Reiki wirkt durch uns, durch unsere Hände, dehnt sich aus und strahlt aus durch unsere Aura. Je besser wir die Weisheit der kosmischen Wahrheit verstehen, ihr dienen und sie durch uns zu wirken vermag, umso heller erstrahlen wir.

Heilig

Im ersten Reiki-Grad erleben wir
vier Einweihungen.

Diese Einweihungen,
heilige Zeremonien,
bringen uns in bewusste und stärkere Verbindung
mit der Urquelle allen Lebens,
mit Gott.

Die Reiki-Energie, die wir empfangen, ist Licht,
ist heilige heilende Nahrung, ist Kommunion.

Die Polarität

Bereits in den wenigen vorherigen Kapiteln wird dir, liebe Leserin, dir lieber Leser, die Polarität aufgefallen sein. Kosmische Mutter, Gott, Göttin! Und vielleicht ist dir die Benennung der weiblichen Seite Gottes sehr ungewohnt. Jedoch sprechen wir so oft von Gott als unserem Vater, unseren Herrn, als männlichen Gott, dass es gut und wichtig ist, auch die weibliche Seite Gottes wieder zu benennen, uns an sie zu erinnern.

Das Spiel von Yin und Yang, das uns im kosmischen Sein in allen Kulturen begleitet bis hin zu unserem allerersten Ursprung, ist immer vorhanden. In manchen Kulturen und Zeiten wurde mehr der Göttin gehuldigt und die weibliche Energie gestärkt, das Mutterprinzip. In manchen Kulturen und Zeiten wurde mehr der männliche Gott verehrt, das Vaterprinzip hervorgehoben. Doch Gott ist alles, was ist. Es gibt nichts außerhalb von Gott, Gott ist ein Ganzes. Gott ist daher nicht *weiblich oder männlich*, sondern Gott ist *weiblich und männlich.*

Und Gott schuf den Menschen nach seinem Bilde, nach dem
Bilde Gottes schuf er ihn,
als Mann und Frau schuf er sie.
Genesis 1,27

Durch dieses Heraustreten aus der Einheit als Mann und Frau auf einen Weg der Erfahrung mit dem Spiel der Kräfte, glauben wir zuweilen verloren zu sein. Wir erleben uns abgetrennt vom Ursprung, preisgegeben den Tücken des Lebens und folgen der Sehnsucht wieder vereint zu sein. Wir ringen und kämpfen, haben manchmal Angst unterzugehen. Wir haben Angst unterdrückt zu werden, fühlen uns verlassen und haben zuweilen die innere Mitte, das Gleichgewicht verloren. Alles, was in uns in Unordnung gerät, sehen wir außen im Spiegel der Erscheinungen wieder: Die weiblichen und die männlichen Kräfte sind derzeit nicht im Gleichgewicht in dieser Welt!

Aber wir leben in einem *Universum.* Universum leitet sich vom lateinischen Wort *universitas* ab, was Gesamtheit bedeutet. Wenn wir vom Kosmos sprechen, so sprechen wir beispielsweise vom Mikrokosmos im Gegensatz zum Makrokosmos. Das heißt wir legen das universelle kosmische Prinzip, das Ganzheit bedeutet, wie ein Muster über einen Ausschnitt und vergleichen die große Gesetzmäßigkeit mit der Gesetzmäßigkeit des kleinen Teilbereiches. Man könnte sagen, die kosmische Betrachtung des Universums gibt uns die Möglichkeit, die Gesetzmäßigkeiten der Polarität zu studieren und die Ganzheit, das Absolute zu ergründen. Die Chinesen sind sich dieses unpersonifizierten, absoluten Universalzustandes besonders bewusst und nennen ihn Tao. Dieses ewige Tao wird betrachtet als die Einheit des Urgegensatzpaares Yin und Yang. Und da natürlich alle Dinge, Menschen und Ereignisse Teil des Absoluten sind, ergeben sich verschiedene Betrachtungsmöglichkeiten:

Oben ist das Absolute in seiner großen Form.
Unten ist das Absolute in seiner kleinen Form.
Reiki ist absolut und ganzheitlich,
Reiki ist oben und unten, innen und außen.

Auch dieses Oben und Unten ist auf die Urpolarität von männlicher und weiblicher Energie zurückzuführen. Die männliche Energie wird dem Feuerelement zugeordnet, das ätherische geistige Feuer. Es steigt auf, das Feuer dehnt sich aus, es bildet das Firmament, den Himmel. Die weibliche Energie wird dem Wasser zugeordnet. Wassermoleküle verdichten sich, aus Nebel werden Tropfen, aus Tropfen wird Regen und dieser fällt auf die Erde nieder. Das Wasser nimmt auf, trägt viele Informationen in sich, biologisches Leben geht aus dem Wasser hervor.

Erzeugende, aktive Energie wird männlich genannt, yang.
Empfangende, passive Energie wird weiblich genannt, yin.

Dieses Wechselspiel ist in den Rhythmus der Zeit eingebettet. Zu manchen Zeiten ist das Weibliche am Wirken, zu manchen Zeiten das Männliche.

Die Gesamtsumme von Vergangenheit, Gegenwart und Zukunft
ist die Zeit in ihrem großen absoluten Zustand:
Der Rhythmus der Ewigkeit!
Ein Augenzwinkern
ist die Zeit in ihrem kleinen absoluten Zustand:
ein Moment in der Unendlichkeit!

Daraus ergeben sich große kosmische Rhythmen, Bewegungen, in die wir eingebunden sind. Und innerhalb dieses Raumes, der uns in jedem Leben frei zur Verfügung steht, der unser kosmisches, göttliches Geburtsrecht ist, haben wir die Freiheit zu handeln und mitzubestimmen: Schöpferrecht und Schöpferkraft.

Alle Formen, Eigenschaften und Beziehungen

von Menschen und Ereignissen,
sind Manifestationen und somit Teil des Absoluten.

Das besagt, dass wir immer eingebettet sind, verbunden bleiben im Wechselspiel mit allen Manifestationen und schöpferischen Kräften. Alles ist mit allem in Verbindung!

Das Absolute ist demnach die Einheit
von Yin (passiver Zustand) und Yang (aktiver Zustand).
Jedoch kein aktiver, männlicher Zustand kann alleine existieren
und kein passiver, weiblicher Zustand kann alleine existieren.

Zeugung bedingt Empfängnis und umgekehrt.
Oder anders ausgedrückt, Zeugung ist nur möglich,
wenn das Empfangende gegenwärtig ist.

Noch anders ausgedrückt, in Yang
muss immer auch Yin gegenwärtig sein
und in Yin muss immer auch Yang gegenwärtig sein.

Das Weibliche allein kann also nicht existieren, das Männliche allein auch nicht! Kein *Oben* kann ohne das *Unten* existieren, es gibt kein Außen ohne Innen. Der eine Pol bedingt den anderen! Und nichts kann verloren gehen! Überwiegt der eine Pol, eine Energie im sichtbaren Bereich, zieht sich der andere Pol, die andere Energie in den unsichtbaren, unoffenbarten Bereich zurück! Verloren geht nichts. Das Ganze bleibt immer ein Ganzes im ewigen Tao.

Unser großer westlicher Weiser Hermes Trismegisti drückte dies in der Tabula Smaragdina (Neuausgabe der deutschen Fassung von 1786) mit folgenden Worten aus:

„Es ist wahr, ohne Lügen,
gewiss und wahrhaftig.
Was oben ist, ist wie das, was unten ist,
und das was hier unten ist, ist wie dasjenige, was dort oben ist,
auszurichten die Wunder eines einigen Dinges!"

„...auszurichten die Wunder eines einigen Dinges!" Das sind Worte, die mich tief berühren. Die Urpolarität, das Weibliche und das Männliche sind da, um auszurichten das Wunder eines einigen Dinges! Und dieses Ausrichten eines einigen Dinges ist Heilung, heil werden, ganz werden, vollkommen, heilig. Es ist das Leben. Es ist Leben in Liebe vereint. Reiki ist so ein Wunder.

Wir haben am Anfang dieses Kapitels gesagt, dass die Kräfte, die weiblichen und die männlichen Kräfte nicht im Gleichgewicht sind. Ist die männliche Energie zu stark, wird sie als sehr machtvoll erlebt. Die weibliche Energie kann so machtvolle männliche Energie nicht freiwillig aufnehmen und versucht sich zu verschließen. Die männliche Energie erlebt das Nicht-angenommen-werden als schmerzliche Zurückweisung. Die Kräfte sind aus dem Gleichgewicht. Nun müssen wir aber verstehen, dass sich dieses Kräftespiel, oft auch ein Kräfteringen, *in uns selbst* abspielt. Was wir außen erleben, ist nur der Spiegel dessen, was innen da ist!

Einheit

Alle Erscheinungen, alles Leben, alles Sein
ist ein Teil des Absoluten.

Oben und Unten
Gut und Böse
Schatten und Licht
Mann und Frau
Minus und Plus
Himmel und Erde
sind EINS.

Gott ist alles, was ist.

Bereitschaft wahrzunehmen, was ist

Lernen beginnt bei der Bereitschaft wahrzunehmen, was ist. Lassen wir uns in den ersten Reiki-Grad einstimmen, so gibt uns das eine verbesserte Möglichkeit wahrzunehmen, was ist. Dieses Wahrnehmen, was ist, ist unser eigentlicher und bester Lehrmeister.

Leg dich hin, sei ruhig und still.

In der Schulung zum ersten Grad legst du dich nach der Einweihung bequem hin, legst deine Hände auf deinen Körper und nimmst wahr, was jetzt da ist, in dir oder auch außerhalb von dir. Vielleicht hörst du nur die Geräusche im Raum oder von der Straße oder die leise Musik, die eventuell zur besseren Entspannung gespielt wird. Vielleicht tauchen Erinnerungen in dir auf, vielleicht längst vergessene Bilder. Vielleicht erkennst du auch jetzt Zusammenhänge in deinem Leben, Wahrheiten, die dir bislang verborgen waren. Vielleicht kommt es zu Emotionen und Gefühlsausbrüchen wie Weinen, oder Lachen. Es können viele Gedanken in dir kreisen oder du fühlst dich tief entspannt, wohl und geborgen. Vielleicht fühlst du Frieden, Liebe und Dankbarkeit in dir. Es kann auch sein, dass du einschläfst. Alles, was ist, ist gut. Nicht das eine ist besser als das andere, sondern das, was ist, ist eben das, was es ist. Deine Reiki-Meisterin, dein Reiki-Meister wird dich ermuntern, wahrzunehmen was ist, es kommen zu lassen, sein zu lassen und auch wieder vergehen zu lassen. Achtsamkeit zu üben gehört zum Reikiweg.

Leg dich hin, sei ruhig und still.
Atme.
Du atmest ein von dem, was um dich ist,
du atmest aus von dem, was in dir ist,
so bist du mit allem und jedem verbunden.
Alles ist gut, so wie es ist.
Auch das Veränderungswürdige ist gut,
nimm es an und du kannst es verbessern.
Durch Annehmen hast du die Möglichkeit etwas zu verändern.
Du kannst nur loslassen, was du angenommen hast.
Loslassen, ohne zuvor angenommen zu haben, gibt es nicht.
Etwas nicht annehmen wollen, bedeutet Flucht.
Verweigerung der Annahme ist Ausgrenzung.
Bekämpfen statt Annehmen bedeutet Krieg.
Das was ist, in Liebe anzunehmen, bedeutet frei zu sein um
es zu behalten, zu verwandeln oder um es loslassen zu können.

Für viele Menschen ist es eine seltene oder gar gänzlich neue Erfahrung einfach nur da zu sein und annehmen, was ist. Wir sind darauf trainiert, das was ist, in uns oder um uns, sofort in gut oder schlecht einzureihen. Wir sind darauf trainiert, sofort Stellung zu beziehen und in die Polarität zu gehen, uns *dafür* oder *dagegen* auszusprechen.

In unserer Alltagswelt gibt es wenig Zeit und Raum um einmal einfach nur da zu sein, ohne Ablenkung. Da zu sein und nur zu schauen, zu fühlen, zu hören, was halt jetzt so ist. Ganz neutral.

Dieses ruhige Wahrnehmen dessen was ist, wird uns auf unserem Reiki-Heilungs-Weg zur wichtigsten Übung. Aus diesem Wahrnehmen was ist, erfahren wir die ursprüngliche und direkteste Weisheit, Belehrung und auch Hilfe, die das kosmische Prinzip uns geben kann: die kosmische Muttersprache.

Wir hatten sie vergessen. Sie verstehen zu lernen, uns von ihr führen zu lassen, bedarf der Übung. Wir sind sosehr die menschliche Sprache gewohnt.

Die menschliche Sprache ist die Sprache der Polarität,
der Gegensätzlichkeit, linear, hierarchisch
auf waagrechtes Denken aufgebaut.
Die menschliche Sprache ist geprägt von Bedingungen,
„wenn-dann" und Bevormundung,
„du musst, du sollst, du darfst, du darfst nicht . . ."
Angesammeltes Wissen drückt sich in Prophezeiungen aus.
Die kosmische Muttersprache ist Gottessprache,
sie ist die Sprache „des Seins".
Sie ist die Sprache des Gewährens,
des Geschehenlassens, des Nichteingreifens.
Sie ist die Sprache der Hingabe, der Ruhe und Stille,
der Sammlung und Konzentration,
die Sprache des Daseins.
Kosmische Muttersprache ist bedingungslos,
kennt kein „wenn und aber"
und ist auf senkrechtes Denken aufgebaut.

Kosmische Muttersprache ermutigt
und warnt uns durch Zeichen,
gibt aber frei für jede Erfahrung.

Das Gute ist nicht besser als das Schlechte,
denn beides dient uns - gut und schlecht
sind menschlicher Ausdruck, nicht kosmischer.
Kosmische Muttersprache schützt uns,
indem sie uns lehrt die Zeichen zu erkennen
und zu deuten,
sie stellt es uns jedoch frei,
welchen Zeichen wir folgen wollen.

Kosmische Muttersprache ist geheimnisvoll,
wirkt nahezu unsichtbar aus dem Verborgenen heraus.
Es bedarf der Übung, sie mit dem Verstand zu durchschauen.
Die direkte kosmische Muttersprache
ist die Sprache, die wir in uns hören, die
Intuition!

Die indirekte kosmische Muttersprache ist die Sprache um uns,
die sich durch alles in unserer Umgebung ausdrückt:
Dinge, wie auch Menschen und Ereignisse sind ein Spiegel!
Manchmal erleben wir sie als einen beglückenden Zufall.
Manchmal erleben wir sie als Schicksalsfügung.

Mit diesem Wahrnehmen was ist, mit dem Hineinhorchen in das was ist, beginnen wir beim Reiki-Seminar dort, wo wir immer beginnen sollten: bei uns selbst! Ich beginne bei mir. Du beginnst bei dir.

Das Sein

Alles ist, was es ist.
Von außen betrachtet
erfasse ich immer nur einen Teilaspekt der Wirklichkeit.
Meine Bewertungen entspringen
Erfahrungen mit dem Teilaspekt,
die ich erlebt oder übernommen habe.
Meine Bewertungen sind Teilaspekte des Ganzen,
zeitlich bedingt, und ergeben sich
von einem bestimmten Blickwinkel aus.
Alle Bewertungen haben einen Zeitaspekt
und sind vergänglich.

Das Wissen um das ewig Ganze
ruht tief in mir.

Ich finde daher zuerst mich selbst,
um das ewig Ganze in mir zu finden.
Ich horche achtsam in mich selbst hinein,
ich folge meiner
Intuition.

Dein erstes Geburtsrecht ist dein Körper

Dein erstes Geburtsrecht ist dein Körper, er ist der erste Raum, der dir zusteht, in dem deine Seele wohnt. Er ist der Raum, auf den du besonders Acht geben solltest. Um diesen Körper, um diesen Raum geht es auch zu allererst und immer wieder bei Reiki. Im ersten Grad lernen wir unsere Hände auf unseren Körper aufzulegen und die Reiki-Energie in ihn einfließen zu lassen.

Du kannst deine Hände immer und überall
und in jeder beliebigen Position und Positionsfolge
auf deinen Körper auflegen, denn es sind deine Hände,
es ist dein Körper und es ist deine Intuition, die dich führen.

Du wirst in der Schulung zum ersten Grad aber auch eine Abfolge von Handpositionen lernen, die wir als Eigenbehandlung bezeichnen. Jedes Handauflegen ist gut und wichtig und ein bisschen Handauflegen ist besser als kein Handauflegen. Der regelmäßigen Eigenbehandlung messen wir besondere Bedeutung zu.

Lass uns aber, bevor wir uns dem Wert der Eigenbehandlung zuwenden, unser erstes Geburtsrecht, den menschlichen Körper, noch genauer betrachten. Was unterscheidet uns von der Materie, von anderen Lebewesen? Was macht unsere Besonderheit aus? Renè Descartes, Begründer der neuzeitlichen Philosophie, definiert aus unserem Selbstbewusstsein „cogito, ergo sum - ich denke, also bin ich“, die Lehre von den beiden Grundsubstanzen der Welt. Der „res cognitas“, also dem menschlichen Geist, wird dabei eine Vormachtstellung eingeräumt, gegenüber der „res extensa“, der nach mechanischen Gesetzen geordneten Außenwelt. Doch hat nicht auch der Stein Bewusstheit? Ist nicht diese *ordnende Kraft*, diese alles durchdringende und miteinander in bestimmter Ordnung verbindende Energie, die von den Chinesen Ch'i genannt wird, bei den Japanern Ki, Wakan bei den Sioux, Orgon Energie bei Dr. Wilhelm Reich, von den Kahunas auf Hawaii Mana und Mana Loa benannt, von den Russen als Bioplasma und den Kabbalisten als Jesod bezeichnet, an sich bereits Bewusstheit? Intelligenz? Wohnt nicht Bewusstheit in jeder Zelle? Die Tiere haben ganz sicher auch Bewusstsein, die Bäume auch und wohl der ganze Planet Erde, es ist wohl der ganze Kosmos durchdrungen von lebendiger Bewusstheit.

Jedoch das Besondere an uns Menschen ist nicht, dass wir Bewusstsein haben, sondern dass wir die Möglichkeit haben, unsere Gedanken, Ideen, Vorstellungen, Gefühle und Illusionen auch so vielfältig auszudrücken und zu verwirklichen. Das geschieht zum überwiegend größten Teil über unsere Hände!

Natürlich haben wir die Möglichkeit unsere Ideen, Visionen auch in Worten, in Tanz, Gesang, im Schauspiel mit dem ganzen Körper auszudrücken. Doch all das ist flüchtig, nur kurz sichtbar, hörbar und verweht schnell. Beständig werden unsere Ideen durch Formgebung: Töpfern, Schnitzen, Weben, Zimmern, Stricken, usw. Also durch jedes *Hand*-werk. Beständig und überlieferbar werden unsere Ideen, unser Wissen auch durch Aufzeichnungen: Symbole, Hieroglyphen, in verschiedenen Schriftzeichen festgehaltene Texte und Botschaften; aber auch Notenschlüssel, Zahlen und Berechnungen, gezeichnete Pläne, Entwürfe. All dies ist nur möglich, da wir unsere

Hände haben, da unser Geist sich über unsere Hände ausdrücken kann. Und auch die vielen Maschinen, die es heute gibt. Entstanden sind sie, da die Vision eines Menschen ihm aus der Hand aufs Zeichenbrett floss, und bedient werden sie auch immer noch vorwiegend durch Hände.

Legen wir nun zur Eigenbehandlung unsere Hände auf unseren Körper, so hat dies wohl eine tiefe und vielfache Bedeutung für uns, sind es doch gerade diese unsere Hände, mit denen Gott den Menschen in so besonderer Weise ausgezeichnet hat. Durch Reiki sind sie nun geweiht und gesegnet. Vielleicht empfindest du erstmals tiefe Dankbarkeit für eben diese deine Hände. Vielleicht empfindest du das erste Mal Liebe für deine Hände. Vielleicht bist du nun erstaunt über das Wunder deiner Hände. Eine neue Verantwortung kommt dadurch auf dich zu, nämlich die Verantwortung über das, was du mit deinen Händen tust. Lege deine Hände auf deinen Körper, erlebe das Wunder deines so selbstverständlich funktionierenden Körpers! Spüre deinen Körper mit all seinen Regungen und Energien: Gefühle, Emotionen, Wärme, Kälte, Sexualenergie. Fühle auch die feinstofflichen ätherischen Bereiche, die Energie der Chakras kannst du wahrnehmen. Nimm deine Organe wahr, das Herz, die Lungen, den Magen, die Leber, Nieren, die Milz und alle Organe, die so selbstverständlich für dein Wohlbefinden arbeiten und denen du vielleicht noch niemals Aufmerksamkeit geschenkt hast.

Lasse über deine Hände den Segen der Weihe, Reiki, die ursprüngliche Gotteskraft, die universelle Lebensenergie in deinen Körper einfließen. Sei *eins mit dir selbst.* Spüre deinen Körper, wie er atmet, wie er lebt und spüre, wie die feine lebendige Energie aus deinen Händen strömt und dich trägt. Vielleicht geht es dir wie mir: Ich habe erst durch Reiki wahrgenommen, wie sehr ich vorher auf *Sparflamme* gelebt hatte. Jetzt, durch Reiki, kann ich alle äußeren Schwierigkeiten oder Probleme leichter loslassen. So wie ich beim Heimkommen in meine Wohnung mit dem Schließen der Wohnungstür die Außenwelt draußen lassen kann, kann ich mit dem Schließen der Augen heimkommen und die äußeren Belange vergessen. Probleme werden oft gerade deshalb zu hemmenden Blockaden, weil wir ihnen zu viel Aufmerksamkeit schenken. Das nährt sie! Manches Problem, das ich der Reiki-Energie übergab ohne mich weiter damit zu beschäftigen, hat sich plötzlich von selbst erledigt. Es ist wichtiger, dich mit deinen Fähigkeiten und deiner Kreativität zu beschäftigten als mit deinen Problemen. Denn durch deine Kreativität kannst du dein Leben schön und liebevoll gestalten. Widme dich daher ganz deinem wunderbaren, schöpferischen, eigenen Sein. Widme dich mit Liebe deinem Körper, deinem Geist, deiner Seele.

Falte deine Hände,
sitze aufrecht und ruhig.
Achte auf deinen Körper, auf deinen Atem.
Warte, bis dein Geist klar und ruhig ist.
Reiki beginnt tief in dir.
Reiki wirkt in dir.

Wohnraum der Seele

Unser Körper ist unser erstes Geburtsrecht.

Unsere erste Pflicht ist daher
gut für unseren Körper zu sorgen,
ihn gesund zu ernähren,
ihn zu pflegen und
mit genügend Energie zu versorgen.

Wir selbst tragen die Verantwortung für unseren Körper.
Kein anderer hat das Recht über unseren Körper
zu bestimmen als wir selbst.

Indem wir uns unsere Reiki-Hände auflegen,
empfangen wir das Licht, die Heilenergie
und die Weisheit aus der Quelle allen Lebens.

Die Eigenbehandlung

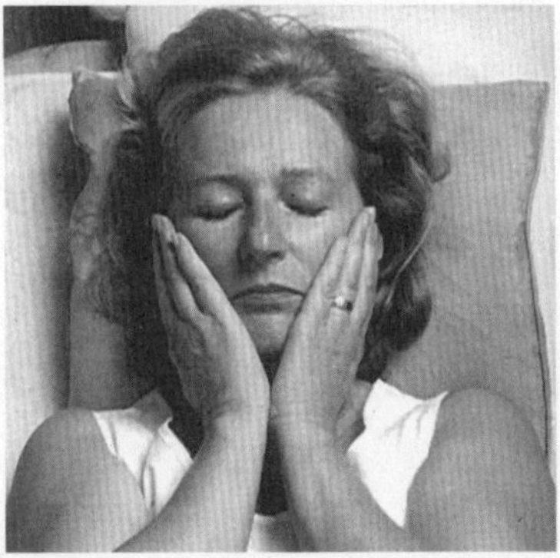

Wir haben zwei Hände, die rechte und die linke Hand, doch beide Hände gehören zu ein und demselben Körper. Dies spiegelt wunderschön, dass alle Polarität in diesem Kosmos, das Gute und das Schlechte, das Aktive und das Passive, zu einem Körper, zu ein und demselben Ganzen gehören. Wenn wir bei der Einweihung unsere Hände vor der Brust zusammenlegen, vollziehen wir eines der ältesten Mudras, das Mudra der höchsten Konzentration. Dieses Zusammennehmen der Hände zum „Bitte sagen“ ist das Erste, das wir kleinen Kindern lernen und es ist die Gebetshaltung in vielen Kulturen. Es symbolisiert Versöhnung mit der Polarität. Unser Meister Usui maß dieser Handhaltung große Bedeutung bei. Die rechte und die linke Hand zusammenzulegen ist eine symbolische Geste der Einheit. Wir wollen die Polarität nicht mehr bekämpfen, indem wir das Gute verherrlichen und das Schlechte verjagen oder vor ihm fliehen. Durch das Annehmen der uns auf dieser Erde vorbestimmten Erfahrung der Polarität, kann das Licht des Guten, die Kraft und Weisheit der Liebe, das Dunkle oder das Erkrankte sanft durchströmen und heilen. Das Schlechte wird ins Gute verwandelt, es wird geheilt! Nicht bekämpft!

Vor jeder Eigenbehandlung stimmen wir uns auf Reiki ein, indem wir um Reiki bitten. Wir können dies mit einem Gebet tun, indem wir unsere Hände falten oder unsere Hände auf unser Herz legen. Wir können auch unsere Hände zum Himmel strecken. Sei einfach bereit für Reiki. Finde dein eigenes Lieblingsritual, deine eigenen Worte, deine eigenen Gebete.

Nun werden dir bestimmte Handpositionen gezeigt. Nimm den Folder, der diesem Buch beigelegt ist, und betrachte die Bilder der Eigenbehandlung. Die Handpositionen ergeben einen Rhythmus. Sie bilden ein Muster, das deinen Körper in seiner Heilung unterstützt. Es ist dabei nicht so wichtig, wie viele Positionen es sind oder in welcher Reihenfolge sie stattfinden. Das Muster hilft dir ganz einfach deinen Körper gut an Reiki zu gewöhnen. Wir schenken unserem Körper eine ganz besondere Aufmerksamkeit, wenn wir die Eigenbehandlung täglich machen. Es ist, als ob eine Mutter am Abend zum Bett ihres Kindes kommt und mit immer dem gleichen liebevollen Ritual das Kind zudeckt, ihm eine Gutenachtgeschichte vorliest, die durchaus täglich eine andere Geschichte sein mag, aber immer im liebevollen beruhigenden Ton oder mit dem Kind ein Gebet spricht, es streichelt und liebkost. Das Kind gewöhnt sich daran, es wartet darauf, es schöpft Kraft aus der Beständigkeit der Mutter. Es schöpft Weisheit aus ihren Geschichten und vor allem bekommt es Vertrauen. Dieses Vertrauen in die Mutter schafft die Geborgenheit, in der das Kind wachsen und sich positiv entfalten kann. In einem bildhaften Vergleich ist es, als käme durch deine Hände die göttliche Mutter zu dir. Durch deine Hände nährt sie dich, erzählt dir Geschichten oder wird spürbar durch die inneren Bilder, die auftauchen können. Du empfängst ihren Trost, ihre Heilkraft. Dein Körper, deine Gefühle, dein Geist bekommen Vertrauen in die göttliche Mutter, weil ihre Hände durch deine Hände täglich kommen. Vielleicht gelingt es dir von Tag zu Tag ein bisschen besser, noch stärker der Heilkraft deiner Hände zu vertrauen. Das Vertrauen wächst in dir, dass jene Kraft und Intelligenz, die dich hervorbrachte, auch in der Lage ist alles zu heilen und in Ordnung zu bringen, was in dir, in deinem Körper, in deinem Leben in Unordnung geraten ist und krank ist.

Wer täglich seine Hände auflegt, in sich selbst hineinhört, hineinfragt, der weiß auch, dass es unseres Mittuns bedarf. Die Bereitschaft zu lernen und selbst Verantwortung zu tragen ist Grundvoraussetzung zur Heilung. Frag deinen Körper, was ihm fehlt und er wird es dir sagen!

Indem wir unsere beiden Hände in paralleler Abfolge auf die rechte und linke Körperseite auflegen, werden alle Organe und Zellen mit frischer Lebensenergie versorgt, aktive und passive Energieströme werden harmonisiert.

Mit der Zeit finden deine Hände ganz intuitiv das für dich passende Muster. Die konsequente Anwendung der Behandlung trägt sehr wesentlich zu deiner Harmonisierung und Heilung bei!

Handpositionen zur Eigenbehandlung:

Leg deine Hände sanft und ruhig auf:
Augen
Schläfen
Hinterkopf
Ohren
Kinn,
Hals und Nacken,
Herz,
Brüste, Bauch, Nieren, Leisten.
Lass dich intuitiv dorthin führen,
wo dein Körper Reiki verlangt.

Organe oder Problembereiche solltest du besonders sorgfältig und regelmäßig behandeln.
Vertraue der intuitiven Führung deiner Hände.

Du findest Abbildungen der wichtigsten Handpositionen der Eigenbehandlung auf dem beigelegten Folder.

Meine Hände für mich

Einstimmung zur Eigenbehandlung
durch ein individuelles Gebet.
Leg dich bequem hin.
Beim Behandeln liegen die Hände leicht am Körper auf,
Finger geschlossen.

Lass immer eine Hand am Körper liegen,
so bleibt der Energiekreislauf aufrecht
während der ganzen Behandlung.
Beide Hände sind gleichwertig.
Für jede Position nimm dir intuitiv einige Minuten Zeit.

Die Positionen werden von Meister zu Meister
etwas verschieden gezeigt.
Lass dich nicht verunsichern,
du kannst nichts falsch machen!

Du kannst dich überall angreifen
und die Reiki-Energie fließt dort hin,
wo sie am meisten gebraucht wird.

Reiki und seine Geschichte

Um jede Lehre, um jeden Wissenspfad ranken sich Legenden und Mythen. So auch um Reiki. Um Ursprung und Anzahl der Reiki-Symbole wird ebenso gerätselt und spekuliert, wie sich um die bekanntesten Meister des Pfades auch bereits Mythen ranken. Die Kunst der Lebensenergieübertragung, der Heilung über die Hände und die Kunst in Harmonie mit dem Schöpfungsprinzip leben zu lernen, ist wohl so alt wie die Menschheit selbst. Wir haben es dem Japaner Mikaomi Usui, geboren 15.8.1862 in Yago, Yamagata, Gifu in Japan zu verdanken, dass er uns diese Kunst lehrte und uns die universelle Lebensenergie-Quelle „Rei-Ki" wieder eröffnet hat. Das japanische Wort „Rei-Ki" heißt soviel wie universelle Kraft. Ich gedenke daher in Liebe, Ehre und Dankbarkeit dem Begründer der Usui Reiki Ryoho Gakkai (Usui Reiki Heilungsgemeinschaft) mit Sitz in Tokio. Ihm wurde der Titel *Sensei* verliehen, welcher einen Professor, Doktor oder Lehrer höheren Ranges auszeichnet.

Wir wissen nicht besonders viel aus dem Leben dieses weisen Reiki-Meisters, dürfen aber gewiss sein, dass er ein spirituell Suchender und Wissender war. Er meditierte gerne am heiligen Berg Kurama nördlich von Kyoto und bekam auch dort, als er sich einmal 21 Tage zum Fasten und zur Meditation zurückgezogen hatte, aus dem Kosmos seine Reiki-Einweihung. Mikaomi Usui, der Mikao gerufen wurde, begann mit seinen Händen zahlreiche Menschen zu behandeln und erstaunliche Heilerfolge führten dazu, dass er viele Menschen in Reiki unterwies.

Sensei Mikaomi Usui

Liebe ist die Quintessenz von Reiki

Wir wissen nicht genau, wie viele Reiki-Kliniken und Reiki-Schulen in Japan zu seiner Zeit entstanden sind, wir wissen aber, dass sich sein Ruhm bald über das ganze Land verbreitete. Mikaomi Usui, den wir als unseren Großmeister verehren, starb im Alter von 62 Jahren am 9. März im fünfzehnten Jahr der Thaisho-Zeit (1926).

Zu uns in den Westen kam Reiki durch Frau Hawayo K. Takata. Über Frau Hawayo K. Takata wissen wir mehr, durch die Bücher von Helen J. Haberly und Fran Brown und natürlich durch ihre Enkelin Frau Phyllis Lei Furumoto. Frau Takata wurde am frühen Morgen des Heiligen Abends im Jahre 1900 auf der Insel Hawaii geboren. Ihr Leben war nicht leicht. Schon als junges Mädchen musste sie hart arbeiten und das Schicksal erlegte ihr manche Prüfung auf. Ihr Ehemann starb in sehr jungen Jahren, eine ihrer Schwestern verstarb plötzlich und sie selbst erkrankte schwer. Doch die Fügungen des Lebens brachten sie nach Japan in die Reiki-Klinik von Dr. Chujiro Hayashi, einem Arzt und Reiki-Meister, der von Sensei Usui ausgebildet worden war. Hier wurde sie nicht nur geheilt, sondern empfing nach hartnäckigen Bitten auch die Reiki-Einweihungen und wurde schließlich zur Reiki-Meisterin ausgebildet. Durch Frau Hawayo Takatas vorzügliche Arbeit kam Reiki zu uns in den Westen.

Wie immer Sensei Usui, Dr. Hayashi, Frau Takata und all die anderen Reiki-Meister und Reiki-Meisterinnen rund um den Erdball Reiki gelehrt haben oder lehren, immer hatte es und wird es einen Bezug haben zu der jeweiligen Kultur. Denn jeder Mensch, jeder Meister, jedes Volk ist durchdrungen und geprägt von der Kultur, der Wissenschaft, der Religion, den Gebräuchen des Landes und der Zeit, in der er lebt. Wenn Reiki zu uns kommt, dann holt uns Reiki genau dort ab, wo wir stehen.

Es wäre nicht christlich,
wenn wir das Geschenk von Reiki nicht dankbar annehmen
und leben würden.

Es wäre nicht Reiki, wenn Buddhisten oder Shintoisten
die Segnung der Einweihung den Christen vorenthalten würden.

Wir können daher Reiki als Lehre nicht gesondert oder herausgelöst aus einer Zeitepoche betrachten, sondern immer als etwas, das mit uns, mit unserem Leben, unserer Zeit und all ihren Erscheinungen in engster Berührung und Wechselwirkung steht. Die Reiki-Lehre ist daher eine sehr lebendige Lehre, individuell und immer auf die Kultur und Entwicklungsstufe des einzelnen Menschen bezogen. Vor allem jeder Reiki-Meister, jede Reiki-Meisterin sollte sich als individueller Mensch für andere Menschen vorbildlich und glaubhaft zur Verfügung stellen, mit allem Wissen, mit allem Können. Da wir heute noch nicht über das Wissen verfügen, welches das Wandlungsspiel des Lebens uns vielleicht morgen bereits lehrt, müssen wir akzeptieren, dass wir eben nicht allwissend sind. Wir sollten bedenken, dass wir auch als Reiki-Meister und Lehrer selbst noch Lernende sind! Die Offenheit mit der der Reiki-Meister dir begegnet, die Offenheit in persönlichen Bereichen und in Bezug auf Reiki, die Liebe und Toleranz, die ein Meister ausstrahlt, zeigt, welche Entwicklungsstufe er einnimmt. Denn ein spirituell erwachter und befreiter Mensch hat nichts zu verbergen oder zu verheimlichen. Ein Meister zeigt seine Stärken und braucht Schwächen nicht zu verstecken. Ein spirituell wirklich erwachter Meister bekennt sich zu seiner Menschlichkeit und gibt Erfahrung und Wissen frei und offen weiter. Er steht zu dem, was er ist. Ein liebevoller Meister wird daher, angepasst an die Zeit und ihre Schatten, offen und ehrlich mit seinen Mitmenschen und mit sich selbst umgehen.

Das bedeutet, wir können heute nicht so lehren wie Usui am Beginn dieses Jahrhunderts in Japan lehrte. Diesen Anspruch können wir nicht erheben. Und wir können auch nicht so lehren, wie Frau Takata in Hawaii lehrte. Ich kann nicht so lehren, wie irgend ein anderer Reiki-Meister lehrt, wie gut dieser auch sein mag. Ich kann nur so lehren, wie meine ganze Erfahrung, mein Wesen, mein Wissen, meine Weisheit, meine Kultur, meine Liebe und meine Verantwortung es möglich machen. Dadurch wandelt sich die Reiki-Geschichte und die Reiki-Lehre entwickelt sich weiter, von Tag zu Tag. Reiki wandelt sich, weil die Zeit sich wandelt und wir täglich noch dazulernen.

Liebe ist die Quintessenz von Reiki.

Sinn einer Lehre ist es dem Menschen
zu dienen - nicht umgekehrt!

Geschichte lebt

Reiki lebt,
Reiki wandelt sich, Reiki sorgt für sich selbst.
Usui lehrte Reiki innerhalb der japanischen Kultur.
Wir lehren Reiki innerhalb unserer westlichen Kultur.
Unsere Enkelkinder werden
Reiki wohl innerhalb der globalen Kultur lehren
und vielleicht werden einzelne von ihnen
bereits Bezug nehmen zu galaktischen Kulturen.

In Japan baut die Reiki Lehre ganz selbstverständlich
auf die Weisheit der Teezeremonie,
die Achtsamkeit des Zazen,
die Disziplin des Aikido,
das Körperbewusstsein des Qi-Gong
und den gütigen Frieden Buddhas auf.

Bei uns baut die Reiki Lehre ganz selbstverständlich
auf die christliche Liebe und Nächstenliebe auf,
auf die Wahrhaftigkeit unseres Gewissens
und die Erfahrungen unserer Kultur.

Die Weisheit von Reiki

Ich liebe den nächtlichen Sternenhimmel. Es ist mir eine besondere Freude das Firmament mit den unzähligen Gestirnen und Planeten zu bestaunen. Und nicht nur, dass es mich mit tiefer Ehrfurcht und Dankbarkeit erfüllt, es schenkt mir auch das Maß, das ich brauche um leben zu können. Es erinnert mich an unseren großen griechischen Philosophen Platon, der der Behauptung seines sophistischen Vordenkers Protagoras *„Der Mensch ist das Maß aller Dinge“* nicht nur den berühmten Satz seines Lehrers Sokrates entgegenhielt *„Ich weiß, dass ich nichts weiß“*, sondern Fuß fasste in einer Weltvernunft, die zugleich Zeugnis gibt, wie auch Zeugung bewirkt. Er war sich damals bereits einer *„Licht-Metaphysik“* bewusst, einer Welt, die aus ewig sich wandelnden Ideen lebt. Einer Welt, in der wir Geschöpf und Schöpfer sind, in jenem Maß, das kosmisch uns vorgegeben ist, wie auch in jenem Maß, in dem wir unseren individuellen Freiraum selbst kreativ ausfüllen.

Stehe ich so unter dem nächtlichen Sternenhimmel, dann kann ich das Maß fühlen, das Maß meines individuellen Anteils, meiner kreativen Schöpferkraft, meiner Wirkungskraft. Ein winziger Funke innerhalb des Firmaments. Jene Kraft und Intelligenz, jene Urquelle, die ich Gott nenne, war in der Lage, dieses kosmische Wunder zu erschaffen und in Bewegung zu halten. Dies ist ein galaktisches Wunder, in dem der Planet Erde ein Sandkörnchen darstellt, unser ganzes Sonnensystem wie eine Handvoll Kieselsteine inmitten des Ozeans anmutet und mein Bewusstsein einem Funken gleicht, der im unendlichen Gefüge der Zeit aufleuchtet. Dies lässt mich vertrauen, dass jene Kraft und Intelligenz wohl auch über die Heilkraft verfügt, um alles, was im Getriebe meines Lebens, meines Körpers in Unordnung geraten ist, auch wieder in Ordnung zu bringen und zu heilen. Ich fühle, dass das Maß meiner Hinwendung, meiner Dankbarkeit, meines Vertrauens in diese Urquelle der ausschlaggebende Faktor ist, der es dann dieser Intelligenz und dieser allumfassenden Liebe ermöglicht, in mir, in meinem Leben zum Wohle und zum Heil zu wirken. Mehr und mehr beginne ich zu erkennen, dass es nur einen gibt, besser gesagt nur eine, die sich zwischen das Wunder der göttlichen Heilkraft gestellt hat und die die göttliche Liebe und Gnade so oft verhinderte: nämlich mich selbst. Mein Ego, meine Besserwisserei, mein Anspruch auf selber lenken, selber tun, oft hochmütig und kurzsichtig, ohne Rücksprache mit dem kosmischen Gesetz zu halten. Mein egoistischer Lebensanspruch war es, was im Wege stand.

Wenn ich nun meine Hände auflege, dann tue ich dies in reinem Vertrauen an die Urquelle und ihre Weisheit und Allmacht. Ich, als das Kleinste, konzentriere mich und fokussiere das Ganze, das Größte. Ich, das winzige Teilchen im großen Gefüge vertraue mich vollkommen der Heilkraft des ewigen Schöpfergeistes an. Ich bitte ihn zu kommen und durch mich, durch meine Hände zu wirken. Ich bitte die geistige Urmutter, diesen heiligen und heilenden Geist, Reiki, zum Wohle des Einzelnen und zum Wohle des Großen Ganzen mir zuzufließen. Ich tue dies im Bewusstsein, dass der Wille Gottes geschehen möge, denn nur die göttliche Allmacht kann das Große und Ganze überblicken und weiß, was für mich, für dich, für den anderen wirklich gut ist.

Gebet:
Geist, ruhende Kraft in allem Seienden,
Licht im Lichte,
in deine Hände will ich mich legen.
Durchströme mein Wesen,
tritt ein in mein Haus,
erleuchte meinen Körper und all seine Zellen.
Löse mit der Kraft deines heilenden Strahles
jegliche Disharmonie auf.
Verwandle alles, was krank und unvollkommen ist,
damit mein Körper vollkommen gesund, schön und hell
sich in seinem Ursprungslichte manifestieren kann.
Entfache in meinem Herzen das Feuer der Liebe,
damit ich meine Aufgaben mit Spaß, Leichtigkeit,
Freude und in segensreicher Fülle vollbringen kann.
Ich bin eins mit der unendlichen Kraft der göttlichen Liebe.
Ich bin eins mit Reiki.
Amen.

Ich sage hier nicht, dass immer alles leicht ist! Allzu oft hält unser Wille an etwas fest, das wir loslassen müssten um heil zu werden. Heilungsprozesse können auch schmerzhaft sein. Im medizinischen Bereich wissen wir um die Schmerzen, die eine lebensrettende Operation begleiten, die Nebenwirkungen von Medikamenten, den Verzicht auf Sport und Vergnügungen, den unser Genesungsprozess fordert. In der spirituellen Heilung, der ganzheitlichen Heilung, der Heilung unserer Lebensumstände ist das nicht anders. Gar manches kann von uns gefordert werden, was uns nicht leicht fällt. Das Loslassen materieller Dinge, das Loslassen von Angewohnheiten, Charakterschwächen, Ängsten, das Loslassen von Menschen, von Erwartungen, der Verzicht auf dummes Gerede, der Verzicht auf Rauschmittel, Verzicht auf Beteiligung an Geschäften, die Menschen, Tieren oder unserer Mutter Erde Schaden zufügen.

Im Wandlungsprozess unserer tiefen geistigen und seelischen Heilung, ohne die andauernde körperliche Heilung nicht möglich ist, ist es oft ein von Zweifeln geplagtes Ringen alter Gewohnheiten, Lebensweisen und Gedankenbilder mit neuen Erkenntnissen, denen wir uns nur zaghaft anvertrauen. Doch all das ist normal und logisch und gehört zum Heilungsprozess hinzu! Denn natürlich können wir nur zu jenen neuen Erkenntnissen und Sichtweisen ja sagen, die wir erprobt haben. Und nur zu oft wächst aus tiefsten Zweifeln dann auch jene tiefe Gewissheit und Wahrheit, in der wir uns endlich geborgen und sicher fühlen.

Als ich einem meiner Lehrer von manchen quälenden Zweifeln berichtete, sagte er: „Reite sie aus! Bezähme deine Zweifel, wie man ein wildes bockiges Pferd bezähmt, dann werden sie dir dienlich sein und dich zu neuen Ufern tragen."

In den Reiki-Schulungen ermuntere ich die Teilnehmer dazu sich Plattformen zu bauen, Plattformen, die standhalten, die Sicherheit geben und auf die sie jederzeit zurückkommen können. Die erste Plattform, die wir Menschen brauchen, wenn wir uns der heilenden Kraft der Hände anvertrauen, unsere ersten Schritte in die Spiritualität machen um die Weisheit des unsichtbaren Gottes zu ergründen, ist die Plattform der *„Neutralität"*. Das heißt: Probiere einen neuen Schritt aus und beobachte, was er dir bringt! Leg dich nicht vorher schon fest, indem du dich an deine Erwartungen fesselst oder an deine Vorurteile kettest. Indem du Heilungsversprechen abgibst, fixierst du dich und behinderst die Heilung. Lass Reiki wirken, sei im Vertrauen, sei neutral, sei bereit zu lernen aus dem, was geschieht. Das erfordert auch bereit zu sein, eventuell eine Belehrung, eine Zurechtweisung einzustecken, ja dankbar anzunehmen.

An dieser Stelle möchte ich eine kleine Geschichte erzählen:

Vor drei Jahren kam eine junge Frau zu einem Reiki-Seminar zu mir. In den Mitteilungsrunden erwähnte sie immer wieder, dass sie Reiki nur machen wollte um ihrem kleinen Sohn zu helfen, der ein sehr kränkliches Kind sei. Ich sagte ihr mehrmals, das dies zwar durchaus in Ordnung sei, dass Reiki aber zuallererst immer bei uns selber wirkt. Einige Wochen nach dem Seminar rief sie mich ganz aufgeregt an. Ich fragte, wie es ihrem Sohn ginge, und sie meinte, es gehe ihm wie immer, nicht schlechter und nicht besser. Aber ihr selbst ginge es sehr schlecht, da sie gerade draufgekommen war, dass ihr Mann seit längerer Zeit eine Freundin habe. Sie begann über Reiki zu schimpfen, meinte, es könne Gott bei der Ungerechtigkeit in der Welt gar nicht geben und das ganze Leben sei nur Betrug! Ich hielt den Hörer ein Stück von meinem Ohr weg, um ihre Wut nicht so direkt in mich eindringen zu lassen, ließ sie aber weiterschimpfen. Als sie merkte, dass keine Gegenrede meinerseits kam, wurde sie ein bisschen unsicher. Ich sagte ihr, dass es gut sei, ihre Emotionen und ihren Ärger einmal einfach herauszulassen, betonte aber, dass in der Situation mit ihrem Mann eine große Chance für ihre Ehe und ihr eigenes Wachstum verborgen liegt. Schließlich vereinbarten wir einen Termin und von da an kam sie, in Abständen einiger Wochen, immer wieder einmal zu einer Reiki-Behandlung.

Entgegen ihrem ersten Impuls ließ sie sich nicht scheiden, sondern begann sich mit sich selbst und ihrem Mann auseinanderzusetzen. Dabei stellten beide fest, dass sich in den letzten Jahren alles um das kranke Kind gedreht hatte und sie sich voneinander entfernt hatten. Nach einigen nicht leichten Schritten der Selbsterkenntnis gelang es ihr, einen neuen inneren Zugang zu ihrem Mann zu bekommen. Er trennte sich von seiner Freundin und nun verlief ihre Ehe ganz gut. Doch wieder rief mich die junge Frau eines Tages sehr aufgeregt an. Sie klagte über zunehmend ziehende Schmerzen in der linken Brust. Ich konnte ihre Angst am Telefon spüren. Ich ermunterte sie und redete ihr gut zu, sich so schnell als möglich medizinisch untersuchen zu lassen. Wenige Tage später wurde in der Klinik ein leider bösartiger Knoten in der Brust diagnostiziert. Die Früherkennung des Knotens war ein Vorteil, trotzdem war eine Operation und Chemotherapie nötig. Nun legte sich die junge Frau selbst regelmäßig die Hände auf um sich Reiki zu geben. Ihr Mann kümmerte sich rührend und sehr liebevoll um sie und bald machte sie sehr gute Heilungsfortschritte. Erstaunlich war auch, dass es ihrem kleinen Sohn nun zusehend besser ging, obwohl sie sich nicht um ihn kümmern konnte. Aber ihr Mann tat es und sie bemerkte, dass jetzt eine tiefe Vater– Sohn-Beziehung entstand. Sie erkannte, dass sie in ihrer Sorge um ihr Kind dieses fast erdrückt hatte und dass sie dabei ihren Mann und sich selbst nahezu vergessen hatte.

Als sie wieder völlig gesund war, war ein anderer Mensch aus ihr geworden. Sie war viel offener, selbstbewusster, spontaner und herzlicher. Sie nahm auch eine Halbtagsstellung an, was ihr Spaß machte und wurde richtig glücklich. Eines Tages sagte sie etwas sehr Schönes zu mir: „Früher war ich oft so still und unnahbar, weil ich Angst hatte und meine Stille war eng. Heute bin ich oft still, weil ich so dankbar bin und meine Stille ist weit; alles hat darin Platz und ist willkommen, weil ich weiß, dass alles gut ist! Heute hätte ich nicht einmal vor dem Sterben Angst, weil ich weiß, dass es erst kommt, wenn ich bereit bin.“

In ihren Augen sah ich die große Dankbarkeit, die sie nun für ihr Leben empfand.

Geduld

Die Weisheit von Reiki offenbart sich nicht immer sofort,
Heilung braucht seine Zeit.

Reiki macht bewusster.
Reiki wirkt ganzheitlich.
Reiki setzt verschüttete Gefühle frei.
Reiki lindert Schmerzen.
Reiki besiegt die Angst.
Reiki stärkt die Lebenskraft.
Reiki fördert Harmonie.
Reiki baut Stress ab.
Reiki stärkt das Selbstvertrauen.
Reiki beseitigt Krankheitsursachen.
Reiki löst Blockaden.
Reiki entgiftet.
Reiki stärkt das Immunsystem.
Reiki steigert die Konzentration.
Reiki schenkt Lebensfreude und Lust.

Die Heilkraft von Reiki

Reiki ist eine sehr starke Energie, eine sehr hohe Schwingung. Reiki dringt tief in unseren Körper ein. Diese universale Lebensenergie wird vom Organismus angesaugt und hilft ihm seine Selbstheilungskraft zu entfalten und zur Wirkung zu bringen. Der Heilungsprozess in allen körperlichen, psychischen, geistigen und transzendentalen Ebenen unseres Seins wird dadurch optimal unterstützt.

Wenn wir von Heilung sprechen, setzen wir oft Erkrankung voraus. Wenn heutzutage von Erkrankung gesprochen wird, dann wird damit oft eine Minderung der Vollwertigkeit des Erkrankten gleich mitgeliefert. Verständlich, da wir in unserer westlichen Gesellschaft gewohnt sind, Werte nur vordergründig aus Leistungsfähigkeit, Nützlichkeit und Gewinnorientierung abzuleiten. Wer diese Nützlichkeit körperlich oder psychisch nicht in unsere Gesellschaft einbringt, gilt als krank. Der menschliche Körper wird dabei wie eine Maschine betrachtet und die Bestrebungen der Medizin gehen dahin, die defekte Maschine so schnell wie möglich zu reparieren, eventuell verbrauchte Bestandteile auszutauschen und sie wieder leistungsfähig und brauchbar zu machen. Doch diese Art von Reparatur dürfen wir nicht gleichsetzen mit dem vielschichtigen Vorgang einer Heilung.

Bitte verstehe mich nicht falsch, es ist natürlich wunderbar und wünschenswert, dass nach einem Unfall ein Kniegelenk eingesetzt werden kann, dass durch eine Chemotherapie ein Leben verlängert werden kann, durch eine Operation ein Tumor entfernt werden und der Patient seinen Beruf wieder schmerzfrei ausüben kann. Doch all das bedeutet noch nicht notwendigerweise Heilung.

Heil werden bedeutet ganz werden, vollkommen werden.

Heil werden setzt auch nicht unbedingt Krankheit voraus. Heilung bedeutet die Möglichkeit, das zur Entfaltung zu bringen, wozu wir seelisch angelegt sind. Wir sind von Gott geschaffen, heilig und heil. Dieser göttliche Same liegt im Herzzentrum von jedem von uns. Es liegt an uns, diesen Samen zu nähren und zur Entfaltung zu bringen. Es liegt an uns wieder heilig zu werden, heil zu sein!

Krankheit mag auf diesem Wege möglicherweise bedeuten, einen sehr hilfreichen Meister zu haben. Daher bedeutet Heilung nicht die Krankheit zu bekämpfen, sondern ihre Botschaft anzunehmen, daraus zu lernen und sich von der Krankheit zu lösen. Auf dem Wege der Heilung hin zur ganzheitlichen Heiligkeit mag es aber sein, dass uns nicht nur Krankheiten im Wege stehen sondern Hindernisse verschiedenster Art. Hindernisse in der Psyche, im Denken, Hindernisse in den zwischenmenschlichen Beziehungen, Hindernisse auf gesellschaftlicher, politischer oder beruflicher Ebene, Hindernisse im ökologischen Zusammenspiel mit der ganzen Natur.

Wenn wir uns und andere mit Reiki behandeln, so strahlen die Schwingungen der göttlichen Heilkraft durch Stoffe, Gipsverbände und diverse Materialien hindurch. Reiki wirkt auch in unserem Beruf und auf dem Bankkonto! Für den unsichtbaren göttlichen Geist gibt es keine Hindernisse.

Wir brauchen uns für eine Reiki-Behandlung nicht zu entkleiden. Zugedeckt entspannen wir uns leichter und tiefer. Reiki lindert Schmerzen. Akute und chronische Krankheiten bei Mensch, Tier und Pflanze können, so es göttlicher Wille ist, geheilt werden. Innerhalb von drei Wochen lassen sich bereits enorme Veränderungen im Körper feststellen. Alle inneren Organe, Nerven, Drüsen, Zellen werden mit universeller Lebensenergie versorgt und können so wieder ihre normale Funktion übernehmen. Die Nerven können sich entspannen, Verkrampfungen lösen sich, Blutkreislauf und Verdauungssäfte fließen wieder in natürlichem Umfang. Die Atmung findet ihren ursprünglichen Rhythmus. Ruhiges gesundes Atmen versorgt den Organismus mit Sauerstoff.

Reiki wirkt über unsere Aura, die Chakren, die Drüsen bis tief in den Stoffwechsel und Zellaufbau unseres Körpers. In meinen Reiki-Behandlungen habe ich es oft so erlebt, als würden sich kranke Zellen wieder an ihren ursprünglichen und gesunden genetischen Code erinnern. Vor allem dann, wenn ich bei der Behandlung auch die Reiki-Symbole einsetzte. Dabei gehe ich immer intuitiv vor und vertraue der Weisheit meiner Hände. Es gibt Reiki-Meister, die bestimmte Handpositionen für bestimmte Krankheiten oder Symptome empfehlen. Natürlich machen wir viele Erfahrungen, die Zuordnungen zulassen wie beispielsweise eine Verbesserung der Konzentrationsfähigkeit, wenn wir die Hände so auf den Kopf auflegen, dass die rechte und linke Gehirnhälfte ausbalanciert wird. (Siehe Folder Eigenbehandlung Nr. 3 Schläfen). Meine Erfahrung ist aber, dass es immer am besten ist die Ganzbehandlung zu machen und nicht nur einige Positionen. Wir sind eine körperliche und auch energetische Einheit. Wenn ein Organ erkrankt ist, müssen automatisch alle anderen Organe mitwirken um das Problem auszugleichen. Daher ist eine Ganzbehandlung immer von Vorteil und wirkt stärkend und vorbeugend auf den gesamten Organismus. Durch die intuitive Reiki-Behandlung lernen wir uns bedingungslos der Weisheit von Reiki hinzugeben.

Behandeln wir mit Reiki, so setzt im ganzen Körper eine Entgiftung ein. Alte Giftstoffe, die sich vielleicht in vielen Jahren angesammelt haben, verlassen den Körper durch den Darm, durch Urin, Schweiß und Tränenflüssigkeit. Tränen während einer Behandlung sind daher immer ein Zeichen, dass sich alter Schmerz und „seelischer Müll“ lösen. Es ist sehr wichtig, die Reiki-Heilbehandlungen durch Trinken von reinem gutem Quellwasser zu unterstützen um Gifte ausschwemmen zu können. Spaziergänge in der frischen Luft, vor allem im Wald und in einer Umgebung, wo die Pflanzen so hoch sind, dass unser ganzer Körper in ihr gesundes Ch'i eintauchen kann, unterstützen die Reiki-Heilwirkung ebenso wie Lachen, Tanzen, Singen und jede Art von gesunder und kreativer Arbeit.

Gott gab uns Hände zum Arbeiten und zum Heilen. Gott gibt uns durch Reiki die Möglichkeit körperliche Gesundheit, Wohlbefinden und seelische Reife zu erlangen. Wir haben die Chance, uns aus der Unwissenheit zu befreien und weise und harmonisch mit uns selbst und anderen zu leben. Gesundheit, Glück, innerer und äußerer Reichtum und ein langes friedvolles Leben ist die Antwort auf unser ehrliches Suchen, ist das Ziel, das wir erreichen können, wenn wir den Segen unserer Reiki-Hände täglich anwenden.

Gnade

Die Heilkraft von Reiki ist allumfassend.
Körper, Geist und Seele
können Reiki aufnehmen.

Reiki ist eigenintelligent und die göttliche Heilenergie
weiß am besten, was gerade jetzt gut und nötig ist.

Wir sollten bedingungslos mit Reiki behandeln,
in reinem Vertrauen auf die göttliche Heilkraft.

Akute und chronische Krankheiten
können behandelt werden,
die Selbstheilungskräfte werden gestärkt.

Gerade heute lasse allen Ärger los!

Sensei Usui, unser weiser Meister und Lehrer, hat uns fünf Lebenshilfen mit auf unseren Reiki-Weg gegeben. Hilfen, die wir annehmen können. Sätze, an denen wir uns orientieren und wachsen können. Die erste Hilfe lautet:

„Gerade heute lasse allen Ärger los!“

Ja, gerade heute lasse allen Ärger los. Was will Meister Usui uns damit sagen? Gibt es Ärger in deinem Leben? Wo im Körper kannst du Ärger fühlen? Was macht der Ärger mit dir? Körperlich oder psychisch? Wie bist du bisher mit Ärger umgegangen?

Beginne damit Situationen zu betrachten, in denen du dich geärgert hast. Wie hast du dich in solchen Situationen verhalten? Das ist nicht bei jedem Menschen gleich. Manche Menschen geben ihrem ärgerlichen Gefühl sofort Ausdruck; ihre Stimme wird lauter, sie schlagen um sich, lassen eine Tür zuknallen und ähnliches. Andere Menschen fressen den Ärger in sich hinein. Sie werden verbissen, verschlossen und finster. Manche Menschen schleppen den Ärger tagelang als schlechte Laune mit sich herum. Sie lassen ihn nicht richtig heraus. Wie eine vergiftete atmosphärische Wolke hängt er um sie herum. Und nun sagt uns Meister Usui: Lass den Ärger los! Viele Menschen versuchen Ärger mit ihren Gedanken zu bekämpfen und entfachen geradezu ein innerliches Kampfgetöse gegen den Ärger. Doch der Ärger ist eine Emotion. Und Emotionen und Gedanken beeinflussen sich gegenseitig. So geraten unsere Gefühle und

Gedanken manchmal in noch stärkere Reibung, was den Ärger noch mehr entfachen kann. Um Ärger loslassen zu können, und zwar so loslassen, dass er sich nicht unkontrolliert gegen jemanden entlädt, ist es daher notwendig, Emotionen und Gedanken voneinander zu trennen. Ich kann Ärger sehr stark in meinem Bauch spüren, eine wilde tosende Energie, die in mir schreit! Mir hilft es daher, wenn ich beispielsweise einen lauten Schrei ausstoßen kann. Ich nenne das „Löwenschrei", so richtig von unten herauf brüllen, solange der Atem reicht. Aber keine Worte schreien, keinen Inhalt in den Schrei hineinlegen, außer eben Emotionen, Gefühl! Worte, die wir herausschreien, haben nämlich die Tendenz sich zu verwirklichen. Und wenn jemand oft genug seinen Partner anschreit, „verschwinde endlich", dann ist die Wahrscheinlichkeit sehr groß, dass der Partner eines Tages wirklich verschwunden ist. Und alles Gejammer, „ich hab es ja nicht so gemeint, ich hab mich doch bloß geärgert", hilft nichts mehr.

Freilich kann man nicht immer laut schreien, aber man kann auch leise schreien; und das heißt, einfach von ganz tief unten herausatmen! Also die Energie aus dem Bauch herausholen. Du kannst auch durch körperliche Arbeit die Energie herausholen, doch du solltest darauf achten, wohin die ärgerliche Energie fließt. Holzhacken ist entschieden sinnvoller, als Teig kneten. Im ersteren Fall gerät der Ärger in das reinigende und transformierende Feuer, im zweiten Fall schluckst du ihn als einen „Germknödel" wieder hinunter! Sei selbst kreativ und versuche herauszufinden, wie du mit deinen negativen Emotionen umgehen könntest.

Im nächsten Schritt lernst du die Situation genau zu betrachten, die den Ärger verursacht hat. Ist der Druck der Emotionen nun nicht mehr so stark, so kannst du viel klarer denken. Du kannst nun vernünftiger überlegen und dann gezielt handeln. Gerade jetzt, gerade heute kannst du etwas tun um die ärgerliche Situation zu bereinigen. Wenn du deine Reiki-Eigenbehandlung regelmäßig machst, wird dir das auch sehr helfen, erst gar nicht mehr so schnell ärgerlich zu werden, da du ganz allgemein ruhiger und gelassener bleiben kannst.

Ich habe mich beispielsweise früher oft sehr geärgert, wenn ich mit jemandem verabredet war und derjenige mich warten ließ. Oft hat uns dann mein Ärger die gemeinsame Zeit ordentlich vermiest. Und ich gehörte auch noch zu jenen Unglückseligen, die Konflikten tunlichst aus dem Weg zu gehen versuchten. Ich spielte die Souveräne! Dies führte zu einer unnahbaren und leicht überheblichen Verhaltensweise. Arroganz und unterdrückter Ärger für eine nicht offen eingestandene Enttäuschung. Konfliktbereitschaft ist etwas, das wir auf dem Weg der Heilung lernen müssen. Ich habe gelernt, den anderen auf das, was mir wichtig ist, aufmerksam zu machen. Ich musste lernen mich auch einmal einem Konflikt zu stellen und zu sagen, was mir nicht passt, anstatt mich nur zu ärgern. Andererseits habe ich aber auch gelernt, dass es manchmal ein wahrer Segen ist, wenn etwas nicht so eintrifft, wie ich es wollte. Oft fand etwas Schöneres und Wichtigeres statt.

Wenn du Tag für Tag die Hilfe von Meister Usui, *„gerade heute lasse allen Ärger los“* in dein Leben integrierst, so wird dies sehr wesentlich zu deinem Wohlbefinden beitragen. Du lernst dadurch wahrhaftig zu sein, ehrlich und aufrichtig vor dir selbst und vor anderen. Es ist besser anderen Menschen deinen Unwillen zu zeigen als gute Miene zum bösen Spiel zu machen.

Selig sind auch jene, die sich gleich Dornen verhalten,
um die Rosen Gottes zu beschützen.
Sie kämpfen um das heilige Gut der Wahrhaftigkeit
in ihrem Inneren.
Das Feuer ihres Temperaments und die Glut
ihrer Begeisterung für das, was ihnen heilig ist,
entströmt ihrem Atem.
In heiligem Zorn verbrennen sie ihre Unvollkommenheit
und steigen geläutert aus der Asche.

Gerade heute

Quälender Ärger zermürbt den Geist und den Körper.
Quälender Ärger schwächt unser Herz, raubt uns die Freude.

Wenn ich meinen Ärger unkontrolliert zeige,
ahmen die Kinder dieser Welt meinen Ärger nach,
weil Kinder, die kleinen wie die großen,
alles nachahmen.

Gerade heute lasse ich allen Ärger los.
Gerade heute bin ich voller Freude.

Gerade heute lasse alle Sorgen los!

Auch bei den Sorgen heißt es genau hinspüren und hinschauen. Wo im Körper kannst du Sorgen fühlen? Was machen Sorgen mit dir? Körperlich, psychisch und in deiner Gedankenwelt? Wie gehst du mit Sorgen um? Ja und worüber sorgst du dich, zeitlich betrachtet? Die Gegenwart? Die Vergangenheit? Die Zukunft?

Wenn wir uns über ein Ereignis in der Vergangenheit Sorgen machen, führen wir dadurch diesem Ereignis immer noch Energie zu! Ja, nähren es geradezu und erhalten es somit am Leben. All das Grübeln „hätte ich doch, hätte er, du, es doch..." bringt doch gar nichts. Denn durch sorgenvolles Grübeln über die Vergangenheit, rauben wir uns nur Energie und wertvolle Lebenszeit! Das, was geschehen ist, ist geschehen! Die Tatsache vergangener Ereignisse können wir nicht mehr ändern. Aber was wir ändern können, ist unsere Einstellung, die wir zu einem vergangenen Ereignis immer noch haben. Wir können uns mit der Vergangenheit versöhnen. Wir können uns selbst oder anderen ein Fehlverhalten, das zu dem negativen Ereignis führte, vergeben. Im zweiten Reiki-Grad lernen wir in vergangene Situationen Fernreiki zu schicken, um eben diese Heilung zu bewirken. Wenn wir uns mit unserer Vergangenheit versöhnen, negative Erfahrungen in uns heilen, dann sind Gegenwart und Zukunft frei von sorgenvollen und drückenden Energien, die aus der Vergangenheit nachwirken.

Schaue also nochmal zurück in deine Vergangenheit. Wenn immer noch sorgenvolle Gedanken auftauchen, dann betrachte diese genau. Frag dich, warum du diese Sorgen nicht loslassen kannst. Vielleicht stehen deine Sorgen in Verbindung mit einer Schuldzuweisung? Die Schuldzuweisungen und die Schuldgefühle sind oft der hartnäckige Klebestoff für Sorgen! Gegen Schuld und Schuldgefühle hilft nur eines, nämlich sich entschuldigen, verzeihen und vergeben. Nur so können wir Schuld loslassen. Hat jemand anderer dir etwas zugefügt, was dir Sorgen bereitet, so versuche die Sache zu klären und ihm zu vergeben. Hast du selbst etwas verursacht, was du nun bereust, was dich sorgenvoll bedrückt, so kannst du auch das bereinigen, indem du sagst „es tut mir leid!“ Und du solltest dir auch selbst vergeben. Aber es ist nicht immer leicht. Reiki-Behandlungen helfen dir, die innere Härte, Schuld und Verzweiflung zu heilen, sodass Licht, Hoffnung und neuer Lebensmut in dein Dasein strömen können und du frei wirst.

Ich weiß, wie wichtig es ist, frei zu werden von altem Karma, alter Schuld, alten Ängsten und Sorgen. Wenn wir frei sind, können wir Anteil nehmen am Schicksal des anderen. Wenn wir den Mut haben uns einander anzuvertrauen, Sorgen auch mal auszusprechen, können wir einander helfen sie zu transformieren. Freilich dürfen wir ein Aussprechen, welches Loslassen bedeutet, nicht mit einem sorgenvollen, sich gegenseitig Hineinjammern verwechseln. Anteil nehmen verlangt daher Klarheit, Mitgefühl und Trost. Hoffnung spenden verlangt Hochachtung vor demjenigen, der sich uns anvertraut.

Sorgen in der Gegenwart und Sorgen, die du dir um die Zukunft machst, verdunkeln dein Leben. Wenn du dir andauernd Sorgen machst, dass etwas nicht so wird, wie du es möchtest oder du immer etwas Negatives, etwas Schlimmes befürchtest, so projizierst du geradezu eine negative Erwartung in deine Zukunft. Du *erschaffst* dadurch geradezu eine negative Zukunft. Deine Gedanken, deine Erwartungen, deine inneren Bilder haben Energie und Schöpferkraft. Du solltest vorsichtig damit umgehen. Sorgst du dich um Kinder, Partner, Eltern, Freunde, befürchtest du immer das Schlimmste, so bürdest du deinen Liebsten eine dunkle Negativerwartung geradezu auf! Deine Angehörigen spüren dies, verlieren ihr Selbstvertrauen und verlieren oft auch ihren Glauben an das Gute in der Welt. Begleitest du deine Liebsten mit hoffnungsvollen Gedanken, so stärkst du ihr Selbstvertrauen.

Beachte jedoch, es gibt zwei Bedeutungen des Wortes „sorge". Das eine ist die bedrückende, um das Negative kreisende, sorgenvolle Verhaltensweise, das andere ist die positive, nährende Fürsorge, die wir brauchen.

Sorge für gute Gesundheit.
Sorge für deine Sicherheit.
Sorge gut für dich selbst und alles, was lebt.
Sorge für ein positives Klima in dir und um dich.

Die stärkste Kraft um dich selbst, eine Sache oder ein Lebewesen zu fördern, ist die Kraft der Hoffnung!

Hoffe, und neue Wege tun sich auf!

Die stärkste Kraft um dich selbst, eine Sache oder ein Lebewesen *zu hemmen*, ist die pessimistische Erwartung und die Prophezeihung von Fehlschlägen. Die stärkste Kraft um jemanden zu helfen, ist die Kraft des Vertrauens.

Ich glaube an dich!
Ich glaube an die Liebe in dir!
Ich glaube an die Kraft in dir!

Wir werden es annehmen, wie es kommt.
Wir werden es gemeinsam meistern.
Wir werden an dieser Aufgabe wachsen!

Komm, lass uns vertrauen.
Ich glaube an das göttliche Licht in dir.

Es sind Sätze wie diese, die uns Kraft geben, die uns unterstützen, die uns helfen, die uns von Sorgen befreien. Gerade jetzt, gerade heute. Und gerade heutzutage wissen wir doch bereits alle um die Kraft des positiven Denkens.

Doch mit dem Denken alleine werden wir die Sorgen genauso wenig los wie den Ärger. Denn Sorgen sitzen im Körper, sie können unsere Zellen vereinnahmen, sie können uns lähmen. Wenn wir Sorgen haben, ziehen wir uns zurück, werden steif, sitzen herum, werden unbeweglich. Neben gutem Zuspruch hilft daher Bewegung, frische Luft, atme tief durch, tanze, singe und pflege Aktivität jeder Art! Und natürlich helfen auch unsere Hände, unsere segenbringenden Reiki-Hände!

Es ist jedoch Gottes Wille, der geschieht. Und wenn du auch mit Reiki, Fernreiki, mit positiven Affirmationen und mit schönen

Bildern deine lichte und freudvolle Zukunft visualisierst, voller Hoffnung deine ganze positive Schöpferkraft einsetzt, so kann doch im großen kosmischen Gefüge auch Unvorhergesehenes, Leid und Schmerz dich treffen. Daraus kannst du wieder nur lernen und neue Wege tun sich auf. Auch dann, wenn es dir zuweilen hier auf Erden schlimm und finster erscheint, wird dir die göttliche Vorsehung immer ihr Licht senden und dir neue Möglichkeiten zeigen. Mir hat in schwierigen Situationen oft ein kleines Gebet geholfen. Vielleicht hilft es auch dir.

Gib mir den Mut und die Kraft zu ändern,
was ich ändern kann,
gib mir die Gelassenheit zu ertragen,
was ich nicht ändern kann,
und gib mir die Weisheit,
das eine vom anderen zu unterscheiden.

Es zeigte mir, dass ich immer etwas ändern kann und sei es ‚die Dinge einfach mal anders zu betrachten.

Jetzt

Gerade heute lasse ich meine Sorgen los.
Gerade jetzt folge ich dem Strahl der Hoffnung
und will voller Zuversicht und Vertrauen sein.

Gerade heute glaube ich an das Gute in dir und in mir.

Ehre deine Eltern, die Lehrer, die Älteren und alle Mitmenschen

Mikaomi Usui bringt uns den Begriff „*Ehre*" in seiner dritten Lebenshilfe wieder nahe. Was bedeutet „*ehre deine Eltern, Lehrer, die Älteren und alle Mitmenschen?*" Bedeutet Ehre gehorchen, unterwürfig sein, sich unterordnen, sich alles gefallen lassen, sich belehren lassen, alles erdulden? Oder bedeutet Ehre achtsam sein, die Meinung des anderen respektieren? Wir sollten uns nicht blindlings unterordnen. Das ist nur Bequemlichkeit. Wir sollten sehr wohl alles prüfen und hinterfragen, was an uns an Geboten, Lehren und auch Vorschriften herangetragen wird. Tun wir es mit Ehre, so lernen wir Toleranz und Respekt für andere Meinungen, Gebräuche und Kulturen zu entwickeln. Ehre bedeutet daher die Meinung und Sichtweise des anderen gelten zu lassen, auch wenn man selbst anderer Meinung ist. Ehre bedeutet dem anderen und auch sich selbst die Freiheit der Worte, der Gedanken und des Handelns zuzugestehen. Ehre bedeutet diesen achtsamen Respektabstand zwischen sich selbst und dem anderen zu wahren. Auch in einer engen Beziehung, wie beispielsweise in der Familie, sollten wir die Achtung vor dem individuellen Freiraum, der Intimzone des anderen unbedingt wahren. Ehre bedeutet einem anderen Menschen eigene Erfahrungen als Rat wohl anzubieten, Anschauungen mitzuteilen, aber keinen Anspruch drauf zu erheben, dass der andere unseren Rat befolgt. Es bedeutet dem anderen die Freiheit zu lassen, aus eigener Erfahrung zu lernen. Haben wir nicht selbst aus unseren eigenen Fehlern am meisten gelernt? Sensei Usui hebt hervor: „*Ehre deine Eltern!*" Wie geht es dir mit deinen Eltern? Wie liebevoll, wie dankbar, wie ehrenvoll ist deine Beziehung zu deinen Eltern? Wie frei, wie abgenabelt bist du? Viele von uns sind sich sehr bewusst, welche Fehler ihre Eltern mit ihnen gemacht haben, was diese nach Meinung von Psychologen verabsäumt haben. Aber denken wir doch einmal fünf Minuten darüber nach, was wir Kinder für unsere Eltern tun?

Als meine Mutter fast siebzig wurde, erkannte ich, wie selten ich mit ihr etwas gefeiert hatte, außer unserem familiären Weihnachtsfest. Wie oft war ich mit meinen Sorgen zu ihr gekommen, doch wenn es mir gut ging, war ich meist woanders. Ich hatte in den letzten Lebensjahren meiner Eltern noch die Chance viel Schönes mit ihnen zu teilen: Freude, Gedanken, Erfahrungen. Und ich konnte ihnen Dankbarkeit und Ehre auszdrücken. Gott sei Dank.

Vielleicht hast auch du diese Chance noch bei deinen Eltern und vielleicht haben wir sie bei manchen anderen Älteren, die unsere Aufmerksamkeit und Anteilnahme auch sehnlich wünschen und brauchen. Gerade mit Reiki sollten wir diese Chancen nutzen. Nur ein paar Minuten einem alten Menschen die Hand zu halten und zuhören, kann uns selbst reich beschenken.

Zuweilen strahlt uns auch aus einem viel jüngeren Gesicht die Weisheit einer alten Seele entgegen. Wir, die weltlich Älteren, täten gut daran, diese Weisheit anzunehmen und zu ehren. Ehren wir die Kinder, dann werden diese es von uns lernen und uns als Alte auch ehren und respektieren.

Usui bietet uns als Hilfe an: *„Ehre deine Lehrer“*. Ich frage, wer sind denn unsere Lehrer? Oder besser gesagt, welcher Mensch, welches Wesen, das uns begegnet, könnte nicht unser Lehrer sein? Lernen wir nicht alle voneinander? Lernen wir nicht aus allem, was uns begegnet?

„Ehre deine Eltern, die Lehrer und die Älteren", dehnt sich auf alle Mitmenschen aus.

Sei freundlich zu allen Lebewesen.
Sei gütig.

Güte

Ehre bedeutet Güte und Nachsicht,
Verständnis, Toleranz und Achtung der Freiheit.

Wenn ich gut zu jemandem bin,
dann wird er oder sie die Güte lernen
und auch gut zu anderen sein.

Hass kann nicht durch Hass geheilt werden.
Schlechtes kann nicht durch Schlechtes verbessert werden.

Wenn die Welt nicht gut ist,
dann ist es an der Zeit,
meine Bemühungen zu verstärken
und selbst gut zu sein!

Ehre schenkt Selbstwert,
Ehre nährt Eigenverantwortung.

Dein zweites Geburtsrecht, deine Gedanken, Gefühle und Handlungen

Es gibt außer dem Körper noch einen Raum, den jeder Mensch bei seiner Geburt zur Verfügung gestellt bekommt. Wollen wir diesen Raum Freiraum nennen. Ein Freiraum, in dem wir uneingeschränkte Freiheit der Gedanken, Gefühle und Handlungen besitzen. Dieser Freiraum ist individuell verschieden groß, je nachdem wie weit wir uns bereits entwickelt haben.

Wenn wir von naturwissenschaftlicher Seite die menschliche Evolution betrachten und die Theorien, die darüber entwickelt wurden, egal ob wir von Darwinismus mit seiner Deszendenz- und Selektionstheorie, dem Lamarckismus oder anderen Betrachtungsweisen ausgehen, immer werden wir die gleichen Grundprinzipien vorfinden: Ein Stammbaumsystem, worin jedes Lebewesen ein Glied in einer Kette ist. Vorfahren und Ahnen als Erbträger. Eine höhere Entwicklung durch Auslese und funktionelle Bedarfsanpassung. Also Leben, das beim „Einzeller"- beispielsweise der Amöbe - beginnt und sich zu immer komplizierteren, bewussten und eigenständigen Lebensformen weiterentwickelt.

Ganz einfach ausgedrückt könnte man sagen, umso mehr ein Lebewesen fähig ist das Wissen seiner Ahnen individuell weiterzuentwickeln und kreativ umzusetzen, umso mehr es in seiner Individualität erwacht und seine Handlungsfähigkeit entdeckt, desto mehr Freiraum für Bewegung und Handlung hat es. Desto mehr Eigenständigkeit und Unabhängigkeit ein Mensch entwickelt , umso mehr

Verantwortung hat er aber auch. Eines bleibt immer aufrecht und das ist die Wechselbeziehung, in die jedes Lebewesen mit seinen Artgenossen und seinem ganzen Umfeld, dem gesamten Kosmos, eingebunden ist.

Anders betrachtet geht der Stammbaum bis dahin zurück, wo wir noch völlig unbewusst im mütterlichen Schoß Gottes ruhten.

Beleuchten wir also unter diesen Gesichtspunkten unser zweites Geburtsrecht, unseren Freiraum. Als Kind ist er noch sehr eingeengt. Ein Bettchen, ein Laufstall, ein Zimmer. Gedanken sind noch völlig unbewusst und wir sind abhängig von unseren Pflegern. Dafür aber tragen wir noch wenig Verantwortung. Unsere Handlungen werden beschützt, Fehler werden von den Erwachsenen bereinigt. Im Denken und Sprechen ahmen wir unsere Vorbilder nach. Später wird alles eigenständiger und freier, die Verantwortung wächst.

Nun sind wir als Menschheit, in unserer menschlichen Evolution, auch noch in unseren Kinderschuhen. Das Denken der meisten Menschen ist noch sehr manipulierbar. Viele Menschen lassen sich leicht beeinflussen. Nur wenige Menschen beobachten ihre Gedanken, kontrollieren, was sie denken. Nur wenige Menschen sind bereits in der Lage, ihre eigene Gedankenkraft wirklich gezielt einzusetzen. In Bezug auf unsere Gefühle ist es noch schwieriger. Oft fühlen wir uns unseren eigenen Gefühlen geradezu ausgeliefert. Dementsprechend sind dann natürlich auch unsere Handlungen.

Eine Einengung des Freiraumes erfahren wir aus der Rückwirkung unserer eigenen Gedanken, Gefühle und Handlungen. Wir unterliegen dem Gesetz von Ursache und Wirkung. Wir ernten, was wir gesät haben.

Das heißt, jedes Kind hat kosmisch gesehen ein Recht auf die Früchte dieser Erde. Waren wir aber in diesem Leben oder einem vorherigen anderen Menschen die Früchte neidig, haben diese alleine für uns beansprucht oder gar anderen weggenommen, so erleben wir jetzt, wie es ist, wenn andere uns die Früchte streitig machen. Auf der kosmischen Waagschale findet immer ein Ausgleich statt. Haben wir nicht liebevoll miteinander geteilt, haben wir uns nicht verantwortungsvoll ins kosmosoziologische Gefüge eingebracht, dann fällt unser liebloses Verhalten auf uns zurück! So entstand und entsteht das, was wir als Karma, Erbsünde oder Erbschuld bezeichnen. Es ist eine kosmische Gesetzmäßigkeit.

Daher kommt es auch, dass wir beispielsweise durch die Astrologie von unserem Geburtsradix ablesen können, welcher Freiraum und Erfahrungsraum uns in diesem Leben zur Verfügung steht und auch, wie wir unser Karma erlösen können. Doch wir sollten erkennen, dass trotz aller schicksalhafter Rückwirkungen und evolutionsbedingter Erfahrungen uns *immer ein Freiraum* bleibt! Durch göttliche Gnade liegt in jeder noch so schwierigen Situation eine Chance verborgen. Es ist eine Chance, Altes loszulassen, sich und anderen zu vergeben und mit aller Hoffnung in Liebe den nächsten Schritt zu setzen und sei es ein Schritt in ein neues Leben, mit einem neuen gesunden Körper.

Bitten wir um göttliche Hilfe und Führung, rufen wir unseren Schutzengel und wenden wir uns dem Licht zu. Reiki hilft uns, der liebevollen und lichten Seite in uns und um uns zu vertrauen. Reiki hilft uns unseren Weg zu erhellen und zu erleichtern. Wenn Menschen resignieren und glauben, das Schicksal sei besiegelt, erleben sie manchmal in letzter Sekunde ein Wunder, das sie aus der Gefahr hebt. Sei es in Krisen- oder Kriegszeiten, bei Umweltkatastrophen oder auch bei weniger gefahrvollen Begebenheiten im Alltag, viele von uns haben es erlebt oder beobachtet. Vielleicht gab auch dir deine Oma die beruhigende Weisheit mit ins Leben:

Und wenn du glaubst es geht nicht mehr,
kommt von irgendwo ein Lichtlein her.

Viele Menschen kommen auch erst nach einem Schicksalsschlag oder durch eine Krankheit zu Reiki. Oft erst dann, wenn ihnen ihre Situation überhaupt keinen Spielraum mehr lässt. Erst wenn sie in die Enge getrieben wurden, sind sie bereit nachzudenken und ihre Fehler zu sehen.

Es geht daher darum, unser Ego zurückzustellen, denn unser Ego ist sehr kurzsichtig. Hilfreich ist es, das Licht, die göttliche Energie und Führung, Reiki, einzuladen uns zu helfen und so unseren Freiraum bestmöglich zu nutzen. Wir können freiwillig lernen. Den Freiraum auszufüllen mit Liebe, Güte, Lebensfreude und mit all dem Schönen, was das Leben bietet, bedeutet zum Wohle eines jeden Einzelnen und zum Wohle des Großen Ganzen zu wirken. Es geht darum dem göttlichen Licht immer zu vertrauen und den Egoismus zurückzustecken.

Die lichten himmlischen Kräfte achten uns in unserer Freiheit. Sie werden uns nur helfen, wenn wir es wollen! Sie zwingen uns nicht und sie nehmen uns auch keine Entscheidungen ab. Sie helfen gerne, so wir das wollen und uns helfen lassen. Wir können sie jederzeit anrufen und bitten uns zu helfen.

Anrufung:
Im Namen und in der Gegenwart meines göttlichen ICH BIN
bitte ich jetzt um den heilenden Lichtstrahl von Reiki.
Mache mich zu einem Diener, einer Dienerin des Lichtes,
lass mich durch meine liebenden Hände
die Reinheit deines Ursprungslichtes in die Welt tragen.

Dein zweites Geburtsrecht, die Freiheit des Denkens, Fühlens und Handelns, wird nämlich nur von dir selbst bestimmt und von dem zwischenmenschlichen Spiel, in das du verwickelt bist. Geht es darum, als Menschheit erwachsen zu werden, frei und verantwortungsbewusst zu handeln, so kommt es auf jeden Einzelnen an! Gerade du kannst ein göttlicher, liebevoller, gütiger und heiliger Mensch sein.

Beginne bei dir selbst. Schaue nicht immer, was die anderen tun. Wesentlich ist , was du selbst tust!

ICH BIN

Ich bin zur Freiheit geboren, gerufen mich zu erheben
und die Meisterschaft in meiner eigenen Welt,
im Denken, Sprechen, Fühlen und Handeln anzutreten.

Die lichten Kräfte respektieren das Geburtsrecht der Freiheit
im Denken, Fühlen und Handeln
eines jeden Menschen!

Auch ich respektiere das göttliche Geburtsrecht
eines jeden Menschen!

Ich bin Licht im Licht!

Stopp, wo bin ich?

Das Leid dieser Welt rührt wohl daher, dass wir unsere Freiräume übertreten und die feinen Grenzen zwischen Ich und Du missachtet haben. Ich kann für einen anderen Menschen nicht essen, kann nicht für ihn schlafen, für ihn lernen, für ihn glücklich sein, für ihn Schmerzen leiden, für ihn leben! Woher will ich also das Recht nehmen ihm Entscheidungen abzunehmen, ihm sagen zu wollen, was er zu tun oder zu lassen hat? Doch wie oft tun wir das! Wir denken für den anderen statt für uns! Oft mischen wir uns in das Leben des anderen ein, überschreiten sein Geburtsrecht, seinen Freiraum und lassen die Einmischungen auch bei uns zu. Wir sind das so gewohnt, dass die wenigsten von uns dies überhaupt bemerken!

Durch meinen Reiki-Weg wurde ich viel achtsamer. Ich bemerkte wie sehr ich dazu neige, meine Intimzone schutzlos preiszugeben und auch, wie leicht man unabsichtlicht durch Unachtsamkeit die Intimszone eines anderen verletzt. Jedesmal, wenn ich es bemerkte, bedankte ich mich für diese Erkenntnis. Nur wenn es uns bewusst wird, können wir lernen. Ich übte mich darin meine Freiräume zu verteidigen und ich lernte es Menschen bestimmt und klar zurückzuweisen, wenn sie meine Freiräume verletzen.

Ich begann darauf zu achten, wer in meiner Welt tatsächlich wirkte und werkte. War das wirklich ich? Ich begann mich zu hinterfragen: „Will ich das wirklich? Ist das wirklich meine Meinung, meine innerste Einstellung?“ Oft erkannte ich, dass ich beeinflusst worden war. Und ich begriff, dass immer zwei dazugehören, einer der beeinflusst und manipuliert und einer der sich beeinflussen und manipulieren lässt! So liegt es immer an uns selbst die Dinge zu ändern.

Die Übung, *„stopp, wo bin ich“*, hat mir dabei sehr geholfen festzustellen, ob ich selbst in meinem Leben der Meister bin oder ein anderer über mich zu bestimmen versucht!

Übung:

Ich sage im Laufe eines Tages immer wieder innerlich zu mir: „Stopp, Karin, wo bist du?“ Ich kontrolliere mich körperlich, gefühlsmäßig und geistig. Ich mache mir bewusst, ob ich selbst denke oder ob es andere für mich tun, deren Meinung ich gerade unbewusst übernommen habe! Ich prüfe, ob ich selbst am Lenkrad meines Lebens sitze oder ob ich mich von anderen chauffieren lasse. Bin ich der Handelnde , oder der Handlanger?

Wenn du diese Übung machst, wird deine Bewusstheit und deine eigenverantwortliche Schöpferkraft sehr zunehmen. Ruf dich mit deinem eigenen Namen, er ist dein stärkstes Mantra in dieser Inkarnation! Du kannst dir auch einen „Piepser“ einstellen, der dich jede Stunde mit einem Ton daran erinnert: „Stopp, Peter, wo bist du? Was denkst du gerade jetzt?“

Mikaomi Usui lehrt uns in seinen fünf Lebenshilfen uns selbst zu betrachten und zu hinterfragen, wer wir sind und was wir tun! Er lehrt uns bei uns selbst zu beginnen achtsam zu sein, und unser zweites Geburtsrecht, die Gedankenwelt, die Gefühlswelt und unsere Handlungen bewusst zu steuern. Er ermutigt uns zu mehr Freiraum und echter, kreativer Schöpferkraft. Wir sind durch Reiki nicht aufgerufen andere zu beurteilen oder zu bewerten, wie *andere* mit ihren Ängsten und Sorgen umgehen oder wie sie ihre Eltern ehren! Wir sind durch Reiki einzig und allein angehalten in unserer eigenen Welt Ordnung zu machen, Vorbild zu sein für die Welt der anderen und durch authentische eigene Erfahrungen Wissen weiterzugeben. Gewöhne dir ab, das nachzuplappern, was man halt so sagt. Beginne bei dir selbst! Selbsterkenntnis ist das Wunder, das dir hilft dein Schicksal in den Griff zu bekommen.

Stopp, wo bist du?
Stopp, was denkst du?

Stopp, wer ist das, der so denkt
so fühlt
so handelt?

Meine Reiki-Meisterin und Freundin Elke lehrte mich darauf zu achten, wer welches Thema in eine Diskussion einbringt. Derjenige, der das Thema anspricht, dessen Thema ist es nämlich. Das heißt, wenn einer darüber schimpft wie rücksichtslos andere Auto fahren, dann ist Rücksichtslosigkeit genau sein eigenes Thema! Er selbst sollte bei sich schauen, ob er rücksichtsvoll ist. Beobachte als nächstes, wer gleich mitschimpft und somit auch in Resonanz mit diesem Thema steht. Auch dessen Problem ist es. Für dich selbst genügt ein kurzer Gedanke der Kontrolle: „Bin ich rücksichtslos?" Ist deine Antwort nein, wozu solltest du in dieses Thema Energie einbringen? Überlege, ob es nicht besser ist, einfach aufzustehen und die Zeit mit etwas Nützlicherem zu verbringen als mit negativen Diskussionen über andere!

Achtsamkeit

Nicht wie du, er, sie, wie „man"
denkt, redet und handelt, ist für mich wichtig,
sondern
wichtig ist, wie
ICH
denke, rede und handle!

Verdiene dein Brot ehrlich!

Direkt und ganz persönlich spricht uns unser Meister Usui in seiner vierten Lebenshilfe an: „*Verdiene dein Brot ehrlich!*“

Was bedeutet das? Was heißt *verdienen?* Das Wort dienen, was sagt es uns? Viele von uns empfinden beim Wort dienen einen unguten Beigeschmack. Das kommt wohl daher, dass wir im Laufe der Geschichte einander in Sklaverei, Frondienst, Leibeigenschaft, Knechtschaft und heutzutage im Konkurrenzkampf unterdrückt und ausgebeutet haben. Doch dieser Art kann dienen und verdienen nicht gemeint sein.

Nehmen wir als dienendes Beispiel unsere Mutter Erde. Sie dient uns mit allem, was sie hat, tagein tagaus, gerne und überaus geduldig. Sie ist für uns da mit allen Früchten, mit all ihrem Segen. Sie ist eine Dienende.

Göttliches Dienen bedeutet immer ein dem Lichte, der Liebe dienen und macht uns Schritt für Schritt zu Wissenden.

Beginne wieder bei dir selbst! Dem Licht, dem Leben in dir zu dienen, bedeutet Würde zu wahren. Du solltest dich vor dem, was dem Leben schaden kann, nicht beugen. Dienen hat daher nichts, aber schon gar nichts mit Unterwerfung und Ausbeutung zu tun.

Verdienen bedeutet würdig zu sein, die Früchte, das Brot zu empfangen. Denke ein paar Minuten nach über deine Würde. Denke nach, wie du dein Brot im Alltag, im Beruf verdienst. Was tust du für deine Würde, wie ehrlich wahrst du sie, wie wichtig ist dir Ehrlichkeit? Ja, und was ist dein Brot? Nahrung, Lohn, Gehalt, Geld? Die Kleidung, das Dach über dem Kopf, die Wärme, die du brauchst? Was ist mit dem Brot, das die Seele braucht? Lob, Anerkennung, Liebe, das Schöne, das Freudvolle, die feinen Dinge des Lebens, wie verdienst du dir all dies? Wie ehrlich, verdienst du all dies?

Was bedeutet ehrlich? Ehrlich vor wem? Ehrlich vor den Gepflogenheiten in unserer Gesellschaft, ehrlich in der banalen Durchschnittlichkeit unseres oft kleinkarierten Bürgertums? Oder ehrlich vor dir selbst? Ehrlich gegenüber deiner tiefsten inneren Wahrheit, deinem Gewissen, ehrlich vor Gott?

Mir erging es so, dass ich anfangs großzügig hinwegsah über die tiefe Möglichkeit, die diese Hilfe unseres Meisters mir bietet: „*Verdiene dein Brot ehrlich!*"

„Na, das ist doch klar", sagte mein Ego zu mir, „ich stehle nicht und ich betrüge niemanden." Wir alle neigen wohl dazu, es uns so einfach und leicht wie möglich zu machen, wenn es um Gewissensfragen geht. Dabei betrügen wir uns in unserer Scheinheiligkeit nur allzuoft selbst! Wenn du den Mut hast in die Tiefe zu gehen, wirklich ehrlich mit dir selbst zu sein, so wird die Gnade dich reich beschenken. Wann immer ich den Mut hatte, mir einen Fehler oder ein Versäumnis ehrlich einzugestehen, hat mich dies größer, stärker und heller gemacht.

Brot wirklich ehrlich zu verdienen verlangt Bewusstheit und Achtsamkeit. Denn, wie ehrlich verdienen wir unser Brot, wenn wir Rohprodukte den Indianern, den Afrikanern, den Armen der Dritten Welt einfach wegnehmen? Wie ehrlich verdienen wir, wenn wir den Tieren Lebensraum und Lebensrecht absprechen, um ihr Fleisch billig kaufen zu können? Wie ehrlich verdienen wir Liebe und Anerkennung unseren Enkeln und Urenkeln, wenn wir die Schönheit der Regenwälder und Alpentäler zerstören? Wenn wir billige durch Kinderarbeit in armen Ländern produzierte Ware kaufen, wie ehrlich ist das? Wenn wir auch hier bei uns im Handel Menschen, meist Frauen, unter Druck setzen und den mühsam erkämpften Arbeitsschutz für den Abend, für den Sonntag, den Feiertag wieder verspielen? Es sind die Frauen, die immer noch weniger verdienen und die Doppelbelastung von Kindern und Haushalt tragen. Manche halten den Konkurrenzdruck nicht mehr aus, ihre Familie zerbricht. Und auch Männer, die im Konkurrenzkrieg der Banken, der Transportunternehmen, im Management, im Versicherungspoker sich einen Panzer der geschäftlichen Härte umgeschnallt haben, drohen daran zu zerbrechen. Herzinfarkt! Es gibt zu viele Menschen, die stumpf werden, mit gebrochenem Herzen dastehen, innerlich vereinsamt. Viele Menschen verlieren, was sie so dringend brauchen würden: ein Familienleben mit Wärme, mit Liebe, Verständnis und Geborgenheit und mit sinnlichen Freuden in einer finanziell gesicherten Existenz.

Wie soll ein so sehr unter Druck stehender Mensch sich ideell und spirituell entfalten?

Es wäre so wichtig, wenn das Gefühlvolle, das Feine, das Liebevolle, das Rücksichtsvolle uns in unserer Gesellschaft wieder etwas wert wird! Wir sollten bereit sein den gefühlvollen und den liebevollen Bedingungen einen neuen Wert zu geben. Wir brauchen eine neue Wertigkeit des Denkens, eine neue Ethik. Wir brauchen ein Umdenken! Doch dieses kann nur in uns selbst beginnen .

Wenn wir nicht umdenken, verlieren wir alle gleichermaßen, Mann und Frau, rund um den Erdball, in einer immer enger werdenden wirtschaftlichen Minusspirale!

Billiger, billiger, billiger bringt die Menschlichkeit um. Geld ist ein zwischenmenschliches Spiel. Die Kühe fressen keine Münzen und Mutter Erde, die uns Gold und Rohstoffe schenkt, oder die Sonne, durch deren Kraft die Früchte wachsen, kann mit einem Scheck nichts anfangen. Geld bestimmt den Wert, den wir Menschen einander zumessen!

„Verdiene dein Brot ehrlich ist!“ ein ernst zu nehmender Aufruf. Mutter Erde, die Natur, das Pflanzen- und Tierreich dürfen wir genauso wenig schamlos ausbeuten wie andere Menschen oder Rassen. Die Schuld beim anderen, in der Politik, im Außen zu suchen, hilft uns nicht weiter. Jeder kann etwas tun! Gerade du kannst etwas tun! Jeder - auch du - kann seinen Beitrag leisten, egal wie klein er auch ist. Jeder Beitrag ist ein Same der wächst. Wie wäre es, wenn du bei so mancher Sache einfach nicht mehr mitmachen würdest? Wenn du das, was du kaufst, auch gerne und pünktlich bezahlst, hast du bereits zur zwischenmenschlichen Fairness beigetragen und kommst selbst in den Genuss einer schnellen Finanzbewegung. Denn so wie wir Geld ausgeben, so müssen wir es uns verdienen. Wer ungern und nur unter Druck bezahlt, dem wird auch ungern gegeben und er muss sein Geld nachdrücklich einfordern. Keine Gedankenenergie an Ausreden oder Schuldzuweisungen zu verschwenden, nährt bereits deine Ehrlichkeit. Versuche das zu ver-

wirklichen, was in deinem Bereich möglich ist! Vieles ist möglich! Denn es sind die vielen kleinen Samen, die sich am schnellsten vermehren.

„Verdiene dein Brot ehrlich!“, ist ein Aufruf nachzudenken, auch darüber, wie du Anerkennung, Erfolg und Führungsposition verdienst. Wie ehrlich? Welchen Preis zahlst du dafür? Verkaufst du deine Seele für den Erfolg? Opferst du dein Gewissen für die Karriere? Und wofür verkaufst du dein Seelenheil? Oft doch nur für so einen winzigen geradezu lächerlichen Vorteil!

„Ja, schon, aber jene, die wirklich nachdenken sollten, die erreichst du nicht“, argumentieren manchmal meine Schüler in den Seminaren. Meine Antwort lautet: „Du hast recht, ich erreiche jene vielleicht nicht. Aber ich erreiche dich, denn du hörst oder liest nun diese Worte. Du sei ehrlich. Und zu deinem Trost: Gott erreicht alle Menschen mit seinem gerechten kosmischen Gesetz.“

Heute erkenne ich und vielleicht spürst es auch du, welch klare Herausforderung die vierte Lebenshilfe von Usui ist. Ich weiß und du weißt auch, dass wir noch Lernende sind. Oder besser gesagt, dass wir *schon* Lernende sind und das macht mich dankbar!

Mutter und Vater Unser,

gib uns unser tägliches Brot heute.

Danke. Amen.

Segen

Dankbar bin ich für die Früchte dieser Erde,
dankbar bin ich für das Brot, das ich esse,
dankbar bin ich für die Kraft, die mich nährt,
dankbar bin ich für den Blick, der mich ermutigt,
dankbar bin ich für die Zärtlichkeit, die mich stärkt.
Dankbar bin ich für alles, was ich mit dir teilen kann.
Ich verdiene mein Brot, ehrlich bemüht.

Sei dankbar für alles, was lebt

„Sei dankbar für alles, was lebt“ lautet eine Übersetzung der fünften Lebenshilfe von Sensei Mikaomi Usui. „Sei dankbar für die vielen Segnungen,“ lautet eine andere Übersetzung.

Vielleicht kannst du dir ein wenig Zeit nehmen, es dir bequem machen, dich entspannen, dir die Hände auflegen und dich fragen: Was ist Leben? Wo beginnt es, wo endet es? Wie dankbar bist du für das Leben?

Da sind die Menschen, die Tiere, die Pflanzen - Leben ist rundherum. Da sind die Menschen, die du liebst, deine Familie, deine Freunde. Zeigst du ihnen deine Dankbarkeit? Wie zeigst du deine Dankbarkeit? Da sind Menschen auf der Straße, in den Geschäften, in den Behörden, Menschen aus verschiedensten Gesellschaftsschichten. Alte Menschen, junge Menschen, schöne Menschen und nicht so schöne; Menschen, die dir sympathisch sind, Menschen, die dir unsympathisch sind. Menschen, von denen du denkst, sie seien gut, Menschen, von denen du vielleicht denkst, sie seien schlecht. Menschen, von denen du denkst, sie seien nicht vertrauenswürdig, dumm, unberechenbar, profitgierig, geizig, hartherzig - also nicht okay, oder was auch immer du über andere denkst. Wie geht es dir mit solchen Gedanken? Lassen sie sich mit Dankbarkeit vereinen?

Da sind Menschen, die du nicht verstehen kannst, deren Ansichten dir fremd sind, die über anderes Wissen verfügen als du, oder eine andere Sprache sprechen, eine andere Hautfarbe haben, aus einer anderen Kultur kommen, andere Wege gehen wie du. Wie geht es dir da mit der Dankbarkeit?

Vielleicht quälen dich Gedanken des Zweifels. Was bedeutet es für das Leben des Mitmenschen dankbar zu sein? Was wird der Fremde tun, wenn ich ihm die Hand gebe? Werde ich ihn womöglich nicht mehr los? Wird er mich vereinnahmen, sich mir aufdrängen, mir gar schaden?

Oder kann ich, kannst du es wagen einfach dankbar zu sein, da der gleiche Gott, die gleiche Lebensquelle, die mich, die dich, hervorgebracht hat, ja auch ihn, den anderen Menschen hervorgebracht hat?! Bedeutet Dankbarkeit Vertrauen haben? Kann ich vertrauen? Kannst du es?

Jesus sagte uns:
„Liebe Gott über alles und deinen Nächsten wie dich selbst.“

Doch wer hat das nicht probiert? Sind wir daran nicht alle bereits einmal gescheitert? Wir haben es wohl alle versucht! Doch die meisten von uns haben Gott in einem fernen Himmel gesucht, weit weg! Und die meisten von uns haben *"wie dich selbst"* gänzlich überhört und vielleicht sogar die Liebe verloren und manchmal sogar den Bezug zum eigenen Körper, zu den eigenen Gefühlen, zur eigenen Sexualität, der eigenen inneren Lebensquelle. Dadurch verloren sie auch den Bezug zu den eigenen Schatten. Viele sind weit gewandert auf ihrer Suche, haben viel studiert und sogar auf vieles verzichtet. Manche haben Barmherzigkeit als Opferdienst verstanden und dabei sich selbst vernachlässigt, haben sich gar gegeißelt, gequält, das eigene Leben missachtet.

Daher meine Frage an dich:

Wie dankbar bist du für dein eigenes Leben,
wie dankbar bist du, dass es dich gibt?
Gerade so, wie du bist?

Usui sagt uns, was alle großen Meister uns sagen: Bei uns selbst sollten wir beginnen! Denk nach, was könntest du für dich selbst tun, um Dankbarkeit für dein Leben zu entwickeln? Was könntest du tun für deinen Körper? Wahrscheinlich fällt es dir leicht Dankbarkeit für dein Leben zu empfinden, solange es dir gut geht, du im Hoch bist. Doch wie ist es, wenn du gerade im Tief bist, es dir nicht so gut geht? Kannst du da auch dankbar sein für dein Leben? Nein? Wie willst du dann jemals dankbar sein für das Leben eines Mitmenschen, der im Tief ist? Es ist nicht immer leicht die eigenen Schatten anzuschauen und anzunehmen, es ist auch nicht leicht mit den Schatten der anderen umzugehen. Doch alles dient uns, Licht und Schatten. Oft sind gerade schwierige Menschen, unsympathische Menschen jene, die ein Spiegel für uns sind und uns durch Konfrontation weiterbringen. Unsere Widersacher sind unsere stärksten Lehrmeister!

Ich erzähle dir eine sehr alte Geschichte, die einer meiner großen alten Meister mir erzählt hat:

Der Mensch und sein Schatten.

Es war einmal ein Mensch, den verstimmte der Anblick seines eigenen Schattens so sehr, er war so unglücklich über sein Leben, konnte nicht dankbar sein und jeder Schritt verdross ihn so sehr, dass er beschloss alle Schritte hinter sich zu lassen.

Er sagte zu sich: „Ich laufe ihnen einfach davon."

So stand er auf und lief davon. Aber jedesmal, wenn er einen Fuß aufsetzte, hatte er wieder einen Schritt getan und sein Schatten folgte ihm mühelos. Er meinte schneller laufen zu müssen, so lief er schneller und schneller, bis er tot zu Boden sank.

„Ja", sagte mein Meister, „wäre er doch einfach in den Schatten eines Baumes getreten, so wäre er seinen eigenen Schatten losgeworden, hätte er sich hingesetzt, so hätte es keine Schritte mehr gegeben, er hätte rasten und dankbar sein können."

Aber darauf kam der Mensch nicht! Die meisten Menschen rennen durch ihr Leben. „Dankbar sein?", sagen sie, „ja natürlich, aber jetzt nicht, später! Vorher muss ich noch schnell ...!"

Sie rennen dem eigenen Schatten und dem Schatten der anderen davon. „Wenn ich das noch erreiche, dann bin ich dankbar. Ich wäre ja dankbar, wenn nicht ...! Freilich bin ich dankbar, nur ...!"

Wenn - dann - aber - nur - später- vielleicht
nur noch - etwas noch - das eine noch - das nächste Mal!
Jedoch vielleicht gibt es kein nächstes Mal mehr!?!

Dankbarkeit erfordert ***JETZT*** *da sein und wahrnehmen.*

Das Leben überhaupt wahrnehmen, das Jetzt bewusst wahrnehmen ist schon Grund genug tief dankbar zu sein!

Der Schlüssel liegt immer in uns und in der Gegenwart. Nicht außerhalb von uns können wir ihn finden, nicht in der Vergangenheit haben wir ihn verspielt oder verloren, nicht in der Zukunft wird er sich zeigen, sondern jetzt ist der Schlüssel zum Glück und zur Dankbarkeit da! Wenn wir uns hinsetzen und im Schatten der anderen auch unser eigener Schatten zur Ruhe kommt, können wir erkennen, wir sind nicht besser und nicht schlechter als die meisten anderen Menschen auch. Wir sind nicht gescheiter und nicht dümmer als die meisten Menschen auch, wir brauchen uns nicht immer zu vergleichen. Wer die Dankbarkeit in sich, ohne wenn und aber, ohne Anspruch und Bedingung empfinden kann, der wird plötzlich das Leben auch rundum mit mehr Dankbarkeit wahrnehmen können. Menschen, Tiere, Pflanzen, geborenes und ungeborenes Leben, Leben nach dem Tod, Leben auf der Erde, Leben in der Luft, Leben im Wasser oder in anderen Dimensionen, für alles Leben sollten wir dankbar sein.

Sich zurückhalten an der Erde.
Keinen Schatten werfen auf andere.
Im Schatten der anderen leuchten.

Reiner Kunze; Auf eigene Hoffnung.

Leben, das sich ausdrückt in lebendigen, dankbaren Beziehungen, in Verbindungen mit der Natur, der Mutter Erde, mit dem ganzen Kosmos. Leben, das geheimnisvoll schwingt und uns Segnungen schenkt in reicher Zahl. Sei dankbar mit deinem Herzen für alles, was lebt.

Wunder

Dankbarkeit ist wie ein Magnet,
Dankbarkeit sammelt alle Segnungen und Früchte
von weit und breit,
trägt mir alles zu, was ich brauche,
damit ich mich daran erfreuen kann.
Dankbarkeit nährt mein liebevolles Herz
und in Dankbarkeit strahlt mein Licht
weit und breit.

Sei dankbar für alles, was lebt,
sei dankbar für alle Segnungen,
sei dankbar für den göttlichen Wesenskern
in jedem Menschen und allen Erscheinungen.

Dankbarkeit ist der Schlüssel zum Wunder Leben.

Reiki bedeutet lächelnde Hände

Sobald wir beginnen wirklich zu begreifen, sobald wir beginnen die Wirklichkeit zu begreifen, bekommen wir unser Leben in den Griff. Reiki hilft uns dabei ganz wesentlich. Viele Menschen in der heutigen Zeit leben in ihren Gedanken und Vorstellungen. Werbung und eine Informationsflut von verbalen oder gedruckten Botschaften , der Lärm und der andauernde Geräuschpegel in den Städten oder am Arbeitsplatz drohen die Sensibilität unserer Sinne zu beeinträchtigen.

Die meisten Menschen können das Absolute, die naturgegebene Wirklichkeit, von der von Menschen geschaffenen Wirklichkeit, mit all den Bewertungen, den Vorstellungen und Glaubenssätzen nicht mehr unterscheiden. Eine schlechte Geschäftsbeziehung wird realer erlebt als der Baum vor dem Fenster. Der Gedanke an die schlechte Geschäftsbeziehung nimmt vom Geist so sehr Besitz, dass der lebendige Baum im besetzten Geist so sehr verblasst, dass er nur noch wie ein Foto, ein Bild aus der Werbung wahrgenommen wird und nicht mehr als Lebewesen. Genauso geht es uns mit der Kuh, dem Schwein, dem Weizen, dem Wasser und den Sonnenstrahlen. Wir empfinden oft die Natur nicht mehr so intensiv und vielfältig wie sie tatsächlich ist.

Durch Reiki lernen wir, die Wirklichkeit wieder zu berühren. Beobachte, wie der Baum lebt! Fühle, wie die Tiere leben, wie du selbst lebst. Geh hin zu einem Baum und berühre den Baum. Mach dabei deine Augen zu, fühle die Erde, den Boden unter deinen Füßen und halte den Baum mit deinen Händen. Du kannst dich an den Baum anlehnen. Er steht da, schweigt und tauscht lebendige Energie mit dir aus. Vielleicht bringt er deine Hände zum Lächeln und lehrt dich Bedeutendes.

Geh hin zu einem Tier und halte es, fühle die Wärme seines Körpers, erkenne die Weisheit in ihm. Geh hin zu einem Menschen und leg ihm die Hand auf die Schulter und höre ihm einfach einmal zu, ohne selbst etwas zu sagen, schau ihm in die Augen. Wahrscheinlich hilfst du diesem Menschen und dir selbst damit mehr als mit tausend Erklärungen.

Was immer wir mit unseren Händen angreifen, betasten, streicheln oder auch im festen Griff bei harter Arbeit bewegen, es verlangt unsere Achtsamkeit. Es tut gut, wenn unser Bewusstsein vom Kopf heruntersinkt und in die Hände wandert! Spür doch, wie Reiki fließt! Wenn ich mich in Reiki einstimme und die Hände zusammenlege, dann ist bereits dies ein Gebet. Meine Achtsamkeit bewirkt das Lächeln in den Händen. Und achtsame Hände, lächelnde Hände, werden nicht zurückgewiesen, das habe ich noch nie erlebt. Ja und lächelnde Hände morden wohl auch nicht.

Es ist unangenehm und kann weh tun, unachtsam und lieblos angegriffen zu werden von Händen, in denen die Seele des Menschen nicht anwesend ist. In Reiki zu sein, im Licht zu sein, in der Liebe zu sein, bedeutet daher auch seelisch da zu sein. Hellwach und aufmerksam mit allen Sinnen. Die Haut ist unser größtes Sinnesorgan. Über die Haut nehmen wir die feinsten Schwingungen wahr. Die ganzheitliche Botschaft, die wir über den Tastsinn aufnehmen können, ist sehr fein und subtil. Berührung durch unsere Hände kann uns Erfahrungen bringen, für die es noch keine Worte gibt.

Das ist es auch, was unsere Hände für Kranke so wertvoll macht. Unsere Hände sind in enger Verbindung mit dem Herzen. Über unser Herz kommt die Verbindung mit kosmischer Energie zustande und über Herz und Hände fließt an Lichtströmen, was benötigt wird! Wenn wir uns auf Reiki gut einstimmen und als klarer Reiki-Kanal frei sind, können wir intuitiven Zugang zu dem Menschen bekommen, den wir behandeln. Bilder können auftauchen. Ganz intuitiv wissen und spüren wir oft Probleme und die Ursache einer Krankheit. Wenn wir nicht medizinisch geschult sind, sollten wir aber keine Diagnose abgeben.

Reiki ist und wirkt absolut eigenintelligent.

Ich möchte dir Mut machen mit deinen Händen anderen Menschen weiterzuhelfen. Lass Licht und Liebe, lass Reiki aus deinen Händen strahlen. Versuche das zärtliche Lächeln deiner Hände zu aktivieren. Es lohnt sich!

Gelassenheit

Wenn du gehst, dann gehe, Schritt für Schritt,
wenn du atmest, atme tief aus und ein,
wenn du sprichst, sprich langsam und deutlich,
wenn dein Auge schaut,
gib ihm Zeit das gesamte Bild zu erfassen,
wenn ein Lied erklingt, nimm es tief in dir auf.
Wenn deine Hände einen Körper berühren,
sei achtsam und behutsam!

Lebe in lächelnder Gelassenheit.

Die Partnerbehandlung

Wir lernen in der Schulung im ersten Grad unsere Hände ruhig und achtsam auf den Körper eines anderen Menschen zu legen. Wichtig ist dabei, dass es uns selbst gut geht, dass wir entspannt sitzen oder stehen können, während wir behandeln. Auch derjenige, den wir behandeln, sollte bequem liegen können, in einer entspannten Atmosphäre. Jeden Mensch, den ich behandle, empfinde ich als Partner. Wir erleben Reiki in einer Behandlung gemeinsam, wenn auch in unterschiedlicher Weise: Einer erlebt sich als Gebender und einer als Nehmender. Eine Reiki-Behandlung ist immer auch eine persönliche Begegnung und Berührung, die Menschen miteinander, mit dem ganzen Kosmos und mit Gott verbindet.

Wenn einmal wenig Zeit ist, kannst du eine Kurzbehandlung machen. Der Partner, der Reiki bekommt, sitzt auf einem Sessel, hinter dem du als Behandler stehst. Intensiver und viel entspannender ist aber eine Reiki-Behandlung, bei der sich der zu Behandelnde hinlegen kann. Ob auf einer Massageliege, in einem Liegestuhl, auf einem Sofa oder auf einer Decke unter dem Apfelbaum, schau was sich gerade anbietet. Wichtig ist, dass es beiden gut geht, auch dem, der behandelt. Wenn du dich verkrampfst kann Reiki nicht richtig fließen. *„Sorge dafür, dass es dir gut geht"* ist unsere Reiki-Grundeinstellung. Ich arbeite gerne mit einer Massageliege. Da kann ich stehen oder sitzen wie ich will und erreiche alle Körperstellen. Ich decke den Menschen, den ich behandle, meistens mit einer leichten Decke zu, auch wenn es warm ist.

Zugedeckt entspannt man sich besser und kann leichter loslassen. Oft ist auch ein Kissen unter den Knien oder Fersen angenehm. Wer es liebt, kann ruhige Musik spielen und Kerzen anzünden. Eine schöne Stimmung für eine Reiki-Behandlung zu schaffen empfinden die meisten Menschen als angenehm.

Bevor du zu behandeln beginnst, ist es wichtig, dich in Reiki einzustimmen. Du stellst deinen persönlichen Kontakt zur Reiki-Quelle, zu Gott her. Aus dieser Quelle erbittest du den Reiki-Segen. Wer Reiki richtig verstanden hat, der weiß, dass es die Liebe, die Weisheit und die Allmacht Gottes ist, die heilt. Wir sind nur die Diener. Wir sind der Kanal ähnlich einem Gartenschlauch, sind das Verbindungsglied zwischen dem Menschen, der sich vertrauensvoll unseren Händen hingibt und der göttlichen Quelle. Je mehr wir vertrauen - sowohl wir, die Reikibehandler, als auch diejenigen, die Reiki bekommen - umso besser kann die Energie fließen, umso tiefer kann sie wirken.

Ich werde manchmal gefragt, ob das Vertrauen unbedingt nötig ist oder ob Reiki auch wirkt, wenn jemand daran zweifelt. Eine Frage, die einer sehr sorgfältig ergründeten Antwort bedarf. Ich habe diese Frage ergründet und die Antwort ist: „Ja!“ Vertrauen ist ebenso wichtig wie der aufrichtige Wunsch zu heilen und geheilt zu werden. Wir sind frei innerhalb unserer Geburtsrechte Licht und Schatten anzunehmen, wir sind daher frei zu entscheiden, ob wir geheilt werden wollen oder ob wir die Erfahrung des Leides machen wollen. Wir sind frei zu entscheiden, ob wir dem göttlichen Heilstrahl dienen wollen, indem wir ihn über unsere Hände weiterleiten, oder nicht.

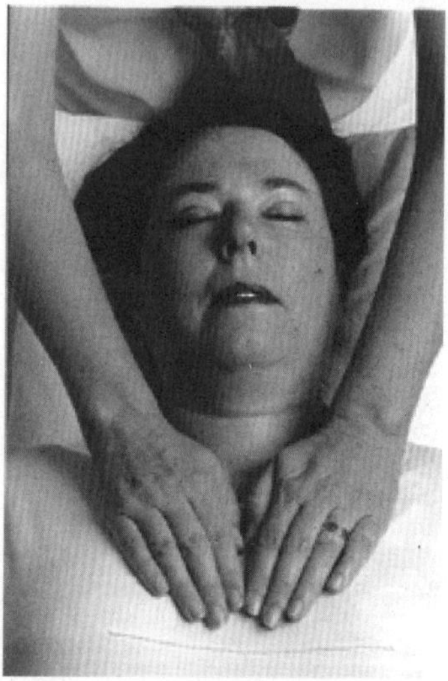

Der Herzkanal ist erst frei, wenn alle Gedanken, Erwartungen, Vorstellungen und Wünsche des Verstandes fallengelassen werden und die Hände behutsam und liebevoll in reinem Vertrauen aufgelegt werden. Mit Reiki zu arbeiten bedeutet, sich der göttlichen Heilkraft hinzugeben. Die Achtsamkeit gegenüber dem göttlichen Heilungsstrahl in unserem Herzen und in unseren Händen hilft uns, die Kunst des Heilens zu erlernen, die Gnade des Heilens zu erlangen. Nach dem Behandeln lösen wir uns aus der Energie und Aura des Partners, indem wir unsere Hände ein wenig aneinander reiben. Sinnvoll ist es auch die Hände unter kaltem Wasser abzuspülen. Du lernst die Positionen und alles, was dazugehört, am besten bei einer Reiki-Schulung. Das, was der Reiki-Meister, die Reiki-Meisterin dir persönlich weiterzugeben vermag, ist viel mehr, als du je aus einem Buch herauslesen kannst. Die Positionen in einem Buch beschrieben zu sehen ist gut, aber eine Behandlung zu erleben, als Gebender und als Empfangender, das ist wirklich wertvoll.

Die Partnerbehandlung:

Kopfpositionen:
Augen, Schläfen, Ohren, Hinterkopf, Stirn und Nacken,
Kinn, Hals, Herz, Armbeuge.

Vordere Körperseite:
Die Hand mit Ellenbogen und Schulter,
Brustkorb, Bauch, Hüfte, Leisten und Knie.

Rückwärtige Körperseite:
Die andere Hand mit Ellenbogen und Schulter,
Rücken, Nieren, großes T, kleines T,
Kniekehlen und Fußsohlen.

Vertraue der intuitiven Führung deiner Hände!
Du findest die Abbildungen zu den Handpositionen der
Partnerbehandlung auf dem beigelegten Folder.

Reiki, du und ich

Die Schwingung der Reikikraft strahlt aus den Händen.
Diese können überall auf den Körper aufgelegt werden.

Vertraue dich während der Behandlung
der Führung deiner Hände an.

Die vibrierende, unsichtbare, geistige Kraft
der Reiki-Hände ist
ABSOLUT.

Die Reiki-Schwingungen lindern Schmerzen,
akute und chronische Krankheiten können geheilt werden.
In chronischen Fällen ist es von großer Bedeutung
die Ursache der Krankheit herauszufinden.

Da du dich als Behandler mit dem göttlichen Heilungsstrom
verbindest, wirkt Reiki vollkommen eigenintelligent.
Es hilft den Kranken und segnet die Gesunden.

Reiki bedeutet Lächeln des Herzens

Wir haben zwei Hände, zwei Beine, zwei Gehirnhälften, zwei Augen, zwei Nieren, die rechte und die linke Körperseite, aber wir haben nur ein Herz. Und dieses Herz ist der Motor unseres Körpers. Wenn es stillsteht, steht der Kreislauf still, steht der Atem still, steht der Blick der Augen still, steht das Leben still. Unser Herz ist der Motor in unserem Leben. Und der eigentliche Motor ist nicht der Herzmuskel, sondern ist unser spirituelles Herzzentrum. Dieses spirituelle Herzzentrum verbindet uns gleichermaßen mit der Mutter Erde wie mit der himmlischen Energie; es ist unsere eigentliche Mitte, unser Zentrum. Es ist unser Vermittler inmitten aller gegensätzlicher dualer Erfahrung der Polarität. In ihm wohnt die Kraft, das Christuslicht das die Verbindung mit der Einheit, mit Gott, mit unserer unsterblichen Seele aufrecht hält. Die ewige „dreifältige göttliche Flamme“ lebt im Herzzentrum.

Solange wir im Spannungsfeld der Polarität einander kritisch gegenüberstehen, verengt sich unser Herz, wenig Energie kann fließen. Lächelt jedoch unser Herz in Güte, so strahlt dieses Lächeln gleichermaßen nach rechts und links, nach oben und unten, nach innen und außen, strahlt ins Licht und in den Schatten. Unser Herz öffnet sich, wird weit und mitfühlend. Vom Herzzentrum aus fließt Reiki in die Hände und natürlich auch durch den ganzen Körper. Je mehr wir diese Herzenergie pflegen, umso mehr strahlt sie aus. Wir lächeln dann mit den Händen, dem Herzen, den Augen, dem Mund und unserer ganzen Aura. Unser Lächeln strahlt weit und breit!

Durch das Lächeln des Herzens kommt die göttliche Gnade zu uns.

Man kann dieses Lächeln lernen! Unser Körper ist ein göttliches Wunder und lehrt uns alles! Wie in unserem Körper das Herz zuerst den „kleinen Blutkreislauf" versorgt, damit wir atmen können und Sauerstoff über die Lungen ins Blut kommt, können wir selbst den Kreislauf bewusst in Gang bringen und unterstützen, indem wir auch bewusst atmen. Ruhiges, entspanntes *Aus- und Einatmen* weitet unser spirituelles Herzzentrum und bringt es zum Lächeln. Ein lächelndes Herz eröffnet uns auch den Zugang zur Weisheit des Herzens und ermöglicht es uns, aus dessen Tiefe zu schöpfen.

Gott gab uns die Erfahrung des Leidens,
damit tiefes Mitgefühl erwächst.
Tiefes Mitgefühl erwärmt das Herz,
es öffnet sich und Liebe und Güte werden zur hilfreichen Hand.
Eine hilfreiche Hand erntet ein dankbares Lächeln,
ein dankbares Lächeln nährt ein friedvolles Herz.
Ein friedvolles Herz schafft einen friedvollen Menschen
und ein friedvoller Mensch schafft eine friedvolle Familie.
Eine friedvolle Familie schafft eine friedvolle Gemeinschaft
und führt zu einer friedvollen Nation.
Eine friedvolle Nation schafft eine friedvolle Welt,
in der alle Herzen lächeln.

Mein Herz lächelt für dich.

Erkenntnis

Hast du die Wahl getroffen,
das Geschenk von Reiki in deinen Händen zu tragen,
hast du die Wahl getroffen,
das Geschenk von Reiki in deinem Herzen zu tragen,
so kannst du dieses Geschenk
überall und jederzeit weitergeben,
wo immer du dich befindest.

Reiki verändert dein Leben

Oft sehnen wir uns lange Zeit eine Veränderung unserer Lebensumstände herbei, doch kaum zeichnen sich Veränderungen tatsächlich ab, halten wir verkrampft am Altgewohnten fest.

Einer meiner Lehrer fragte uns am Beginn einer Ausbildung: „Seid ihr bereit euer kleines gemütliches Elend aufzugeben?“ Wir lachten alle. Später habe ich oft an diesen Satz gedacht. Es ist so schön und bequem immer zu jammern, die Schuld immer bei anderen zu suchen, die Misshelligkeiten des Lebens nach außen zu projizieren und sich mit der Feststellung, „da kann man nichts machen“, in den Schlaf zu lullen.

Freilich gibt es Erfahrungen, die wir machen müssen! Doch nicht dass wir schwierige Erfahrungen machen, sondern wie wir diese meistern, ist ausschlaggebend. Durch Reiki entgehen wir auch keineswegs schwierigen Erfahrungen, nein, wir bekommen die Chance sie zu meistern. Wir bekommen die Möglichkeit zu lernen und zu wachsen, uns zu entwickeln und uns zu verändern. Vieles kann sich durch Reiki verändern; deine Sichtweise wird erweitert, alte Programme und Glaubensmuster werden aufgelöst und es wird Platz gemacht für eine neue Weltanschauung. Neue Freunde, vielleicht ein neuer Beruf, neue Aufgaben kommen auf dich zu. Wenn es zu schnell geht, kann es dir ein wenig Angst machen, Familienmitglieder können dir Schwierigkeiten bereiten, wenn sie nicht wollen, dass du dich veränderst. Doch keine Sorge, all dies dient deinem Wachstum. Was du brauchst, ist Geduld und regelmäßige Reiki-Behandlung. Dann kommt alles in Harmonie.

Wichtig ist es den Reiki -Weg langsam und behutsam zu gehen. Nimm dir viel Zeit für die Anwendung des ersten Grades, das Auflegen der Hände auf deinen Körper. Ich weiß wie gierig Menschen nach Spiritualität sein können, wenn sie jahrelang ihr Leben nur materiell ausgerichtet hatten und nun vielleicht zum ersten Mal vom Funken des göttlichen Geistes entzündet wurden. Es ist nur zu natürlich, dass der Flügel der Spiritualität sich nun begeistert hebt. Heute ist auch das Angebot nach transzendentaler Erfahrung und Bewusstseinserweiterung sehr groß. Doch Vorsicht, ein zu schnelles Vorangehen, zu viele Seminare, zu viele Techniken auf einmal können dich weit zurückwerfen. Deine Entwicklung, deine Heilung braucht Zeit und Geduld.

Das Ziel ist der Weg;
der sicherste Weg ist, wenn der nächste Schritt dein Ziel ist.

Heil werden bedeutet sanft und harmonisch mit dem kosmischen Strom zu schwingen, von ihm getragen zu werden. Doch wenn wir uns auch, wie in einem Boot, von den Wellen des ewigen Seins tragen lassen, so liegt es doch an uns, die Ruder in unserem Leben selbst in die Hand zu nehmen.

Hilf dir selbst, dann hilft dir Gott!

In Harmonie mit dem kosmischen Strom zu leben, darf nicht verwechselt werden mit einem *sich ohne Ziel treiben lassen.* Dies würde dich allen Strömungen der Zeit und allen Kräften der Versuchung ausliefern. Du brauchst klare Ziele, Kraft, Gelassenheit, Ethik und Charakter, um Meister in deinem Schicksal zu sein.

Wer im Tun des Nicht-Tuns und im Nicht-Tun des Tuns inne ist,
der ist ein Weiser;
denn die Verbindung beider Werte
bedeutet Vollkommenheit des Handelns.
Bhagavad Gita (IV,18)

Es ist nicht so schwierig, wie du jetzt vielleicht denkst. Nach jedem Tun, nach jedem Schritt brauchst du nur seine Wirkung zu überprüfen. Halte inne und kontrolliere, ob du Harmonie und Einstimmung mit dem kosmischen Prinzip gefunden hast; dann atme tief durch und sammle Kraft und Entschlossenheit für den nächsten Schritt. So kommst du weiter, beständig und bestimmt.

Mit anderen Worten. Du legst dir die Hände zur Eigenbehandlung auf, spürst gut und tief in dich hinein, schöpfst Kraft und folgst deiner Intuition! Dann setzt du den nächsten tatkräftigen Schritt.

Reiki ist absolut, Reiki ist eigenintelligent, Reiki hilft dein Boot in Harmonie mit dem Großen Ganzen zu steuern. Du selbst bist der Meister in deinem Leben. Wir selbst sind der Meister in unserem Leben!

Heilungskrisen

Ob körperlich, psychisch oder mental, Heilungskrisen können unsere Entwicklung begleiten. Wir brauchen keine Angst vor ihnen zu haben.

Einmal sagte eine Frau zu mir: „Reiki, nein danke, da kommen Heilungskrisen auf mich zu!" Ja, was soll man da sagen? Wer nicht bereit ist Körper, Seele und Leben in Reinheit und Ordnung zu halten und lieber wartet, bis Angestautes zur Krankheit wird, der entscheidet sich eben für diese Erfahrung. Wichtig ist, dass du weißt, dass Reiki immer nur sichtbar macht, was ohnehin schon da ist. Eine Krankheit, die latent bereits da war, kann durch Reiki erkannt und durch die Früherkennung sofort behandelt werden. Ich möchte ein Beispiel aus meiner Praxis erzählen.

Eine junge Frau kam zur Reiki-Behandlung, da sie sich immer so müde und schlapp fühlte. Nach der dritten Behandlung rief sie mich an und erzählte mir, dass ihr sehr schlecht gewesen sei und sie erbrechen musste. Ich riet ihr sich sofort untersuchen zu lassen. Der Hausarzt schickte sie zu einer gründlichen Untersuchung ins Krankenhaus. Die junge Frau war nun verängstigt und fragte mich, ob Reiki an allem schuld sei. Ich versicherte ihr, dass Reiki als absolute Heilkraft zu ihrem Besten wirkt und bat sie um Geduld. Wir vereinbarten für die Dauer des Krankenhausaufenthalts täglich zwanzig Minuten Fernbehandlungszeit. Die Fernbehandlung tat ihr sehr gut, sie beruhigte und entspannte sich und bei den Untersuchungen wurde eine Unverträglichkeit auf verschiedene Lebensmittel fest-

gestellt. Da die junge Frau aber nichtwissend diese Lebensmittel regelmäßig gegessen hatte, musste der Körper seine ganzen Kräfte mobilisieren, um mit diesen Lebensmitteln fertig zu werden. Das Immunsystem war angegriffen, die Nahrung konnte nicht richtig verwertet werden, die Energie sank ab, sie fühlte sich müde und schwach und hatte auch Untergewicht. Durch eine gezielte Diät und den Aufbau der fehlenden Spurenelemente konnte ihr sehr schnell geholfen werden. Reiki verhalf ihr zu viel mehr Lebensenergie und bald war aus der müden abgespannten jungen Frau, ein lebenslustiger und aktiver, gesunder Mensch geworden.

Heilungskrisen können auch als Erstverschlimmerung bei einer Krankheit auftreten. Beispielsweise kann bei Schnupfen nach der Reiki-Behandlung Fieber auftreten. Die Selbstheilungskraft wird durch Reiki angeregt und so kann der Körper einen Impuls bekommen, dass es Zeit ist, die natürliche Abwehrkraft gegen die Verkühlung einzusetzen und das ist: Fieber! Legst du dich einige Tage ins Bett, kann die Krankheit sich auf natürliche Weise ausleben. Das stärkt dein Immunsystem. Im Normalfall wird eine Heilungskrise binnen vier Tagen bewältigt. Leichte Nachwirkungen können einundzwanzig Tage andauern. Störungen, die darüber hinaus wirken, sollten schulmedizinisch abgeklärt werden. Schulmedizin, Alternativmedizin und Energetik sollten nicht gegeneinander sondern miteinander, heilend eingesetzt werden. Zu beachten ist, dass die Verantwortung für deine Gesundheit bei dir selbst liegt! Übergib deine Verantwortung weder einem Arzt noch einem Heiler. Denn ausschlaggebend für deine Heilung sind deine eigenen Selbstheilungskräfte, für deren Aktivierung du selbst verantwortlich bist.

Reaktionen

Durch Reiki kann es nur zu der Reaktion kommen, die durch eine schlummernde Ursache bereits vorgegeben ist.

Heilungskrisen sind Reinigung und beinhalten immer eine Chance auf tatsächliche Ausheilung.

Reiki ist Heilung und nicht Symptombekämpfung!

Glücklich leben und in Frieden sterben

Am schönsten haben es die Reiki-Babys, die jetzt zur Welt kommen. Viele Mütter wenden Reiki bereits während der Schwangerschaft, Geburt und im Säuglingsalter an. Diesen Kindern wird von Anfang an die göttliche Heilschwingung, die kosmische Muttersprache, das Urvertrauen mit auf den Lebensweg gegeben. Die Entwicklung der Babys und Kleinkinder steht dadurch unter einem wunderbar beschützenden Stern. Und da diese Mütter und hoffentlich auch Väter den Reikiweg gehen, können die Kinder in einer Atmosphäre von Liebe, Zuversicht und lichtvoller Schwingung aufwachsen.

Selbstverständlich kann diese positive Schwingung des Gottvertrauens auch durch andere Wege erreicht werden als durch Reiki. Doch Reiki-Hände sind eben eine gute und wunderbare Möglichkeit Harmonie, Licht und göttliche Heilkraft in unser Leben zu bringen. Wenn wir Reiki wirklich anwenden, haben wir die Chance glücklich, gesund und sinnerfüllt zu leben. Wir haben die Chance, die „alten Tage" in unserem Leben in geistiger Frische zu genießen und zufrieden zu sterben.

Ob wir unsere körperliche Hülle hierlassen oder dereinst gar mit hinübernehmen, wir sollten vor dem Abschied von dieser Welt keine Angst haben. Das Hinausgehen aus dem Leben ist doch nur ein Hinübergehen! Dahin, wo wir waren, bevor wir gezeugt und geboren wurden. Dahin, wo das ewige Leben uns alle im Kreislauf des Seins einmal hinführt.

Der Tod und das Sterben sind leider in unserer Zeit immer noch so stark tabuisiert! Kaum jemand traut sich darüber zu sprechen, kranke junge und alte Menschen werden im Sterbeprozess allein gelassen. Das ist sehr schade! Wenn ich den Fernseher aufdrehe und all die Filme über Totschlag und Mord sehe, dann denke ich, es ist dies wohl eine schreckliche Reaktion auf unsere Sprachlosigkeit gegenüber dem natürlichen Sterbeprozess. Wir holen uns das unnatürliche und gewaltvolle Sterben ins Wohnzimmer und haben nicht den Mut, den natürlichen Wandlungsprozess des Seins zu betrachten.

Reiki als Sterbehilfe, Reiki-Hände die liebevoll da sind für einen Sterbenden, verhelfen zu einem sanften und würdevollen Übergang. Ich selbst habe mehrfach Sterbehilfe leisten dürfen und bin sehr dankbar für diese Erfahrung. Ich hoffe sehr, dass durch Reiki bald viele Menschen nicht mehr so alleine gelassen werden bei ihrem Abschied und Übergang. Reiki gibt dir die Kraft auch mit diesen Situationen umgehen zu lernen.

Wandlungen

Wandlung ist Teil der Lebenserfahrung.

Reiki hilft uns in allen Zeiten der Wandlung:
Im Mutterleib, bei der Geburt, vom Baby zum Kleinkind, vom Teenager zum Erwachsenen.

Reiki hilft uns beim Übergang in den Ruhestand und beim Hinübergehen, beim Sterben.

Reiki, ein Leben lang

Um die vielfältigen Möglichkeiten von Reiki zu erfassen, kann dir die Aufbaustufe des zweiten Grades weiterhelfen. Um dich mit dem zweiten Grad vertraut zu machen, habe ich bereits ein eigenes Buch geschrieben:

Intuitives Reiki nach Sensei Mikaomi Usui®,
der zweite Grad.
Die Symbole und ihre Anwendungen.

Darin beschreibe ich die vielen Möglichkeiten, die sich durch die Symbolarbeit für uns auftun: Schutz, Reinigung, Transformation, Anhebung von Schwingungen in Räumen, Reiki-Mentaltraining oder die Heilkraft von Fernreiki sind nur einige von vielen Themen, die genau behandelt werden. Die Symbole und die dazugehörigen Mantras werden genannt, beschrieben und auf Meditationstafeln dargestellt.

Intuitives Reiki nach Sensei Mikaomi Usui®,
Meistergrad
Licht - Körper - Entwicklung

Dies ist ein Buch für all jene Menschen, die sich durch Reiki in ihrer spirituellen Meisterschaft vertiefen möchten und für jene, die Reiki-Meister und Lehrer werden wollen. Das Meistersymbol ist in einem persönlichen Brief beigelegt.

Unsere Entwicklung als Mensch und Menschheit geht immer weiter, bis wir die Weisheit der kosmische Muttersprache verinnerlicht haben. Reiki heilt uns und führt uns ein Leben lang.

Reiki ist Licht,
Reiki ist Liebe,
Reiki ist Klang, Reiki ist Tanz, Reiki ist Friede.

Reiki hat keinen Anfang, kennt kein Ende,
ist grenzenlos.
Reiki kennt alles im ewigen Sein, beleuchtet jeden Weg,
beantwortet alle Fragen.
Reiki ist unermesslich, unergründlich,
doch greifbar über unsere Hände.
Reiki ist die absolute, unendliche, ewige und dynamische Kraft,
welche die Welt und das ganze Universum regiert.
Reiki ist Liebe, Weisheit und allmächtige Kraft dieses
Einen-und-Höchsten-Wesens,
an das ich glaube.
Gott

Gott ist in dir, Gott ist in mir, Gott ist in allem, ist alles, was ist. Es ist nicht wichtig, welche Namen wir Gott geben. Es ist nicht wichtig, auf welchen Pfaden wir Gott suchen. Wichtig ist, dass wir suchen, vertrauen und glauben. Dann kommt die Hilfe, dann kommt die Heilkraft.

Möge Reiki, die kosmische Muttersprache, dich allezeit sanft und sicher geleiten, auf allen deinen Wegen.

Namasté, das Göttliche in mir grüßt das Göttliche in dir.

Dein Tagebuch

Es ist sehr hilfreich, dir jeden Tag nach deiner Reiki-Behandlung einige Notizen zu machen. Dieser bewusste und achtsame Umgang mit dir selbst fördert dein spirituelles Wachstum.

Als ich in der Schweiz die Kosmologie-Ausbildung begann, zählte das Tagebuch zur wichtigsten Möglichkeit der Selbstbetrachtung. Ich begann es immer mit meinem persönlichen Leitsatz. Formuliere diesen so, dass du nur positive Aussagen verwendest. Hier einige Beispiele:

Auf vollkommene Art und Weise
gehe ich meinen Erfolgsweg, in und für Liebe, Frieden und
Harmonie, von Tag zu Tag besser.
Auf vollkommene Art und Weise
verwirkliche ich meinen Lebensplan, erfolgreich.
Ich bin gesund und glücklich.
Wo immer ich bin, strahlt das Licht Gottes für und durch mich.
Ich vertraue vollkommen meiner Intuition und
Selbstheilungskraft.

Strebe die Vollkommenheit an. Folge hohen Idealen. Wer nur materielle Ziele hat, bleibt auf der materiellen Ebene stecken. Wer höheren Idealen folgt, verwirklicht diese auch real in seinem Leben und bekommt an Geld und Besitz, was er braucht. Nachfolgend Tagebuchseiten, die du dir als Vorlage kopieren kannst.

Datum:

ICH BIN,
was ich bin!

Mein persönlicher Leitsatz:

Besondere Erkenntnisse:

Meine drei wichtigsten ideellen Ziele sind:

Meine drei wichtigsten
materiellen Ziele sind:

Seelenspiegel

Gute Eigenschaften,
die ich mit Reiki stärken will:
zum Beispiel:
Selbstvertrauen, Mut, Zuversicht,
Geduld, Spontanität, usw.

Weniger gute Eigenschaften,
die ich mit Reiki ändern will:
zum Beispiel:
Nervosität, Angst, Zorn,
Pessimismus, usw.

Licht, Liebe und Vollkommenheit wünsche ich heute:

Datum:

ICH BIN,
das Licht Gottes!

Mein persönlicher Leitsatz:

Gerade heute will ich:

Meine besten Eigenschaften sind:

Ich liebe mich so wie ich bin!

intuitives Reiki©
NACH SENSAI MIKAOMI USUI

Gründerin und Leiterin der Hanaelschule für Intuitives Reiki nach Sensei Mikaomi Usui®

Karin E. J. Kolland
Kaltenbrunn 23
A 8200 Gleisdorf
www.intuitivesReiki.at
www.hanael.at
schule@hanael.at
Tel. 0049 3112 7767

Die Reiki-Lehrer der Hanael-Schule findest du unter www.intuitivesReiki.at

Hanael Bücher mit Seele - *erzählen aus dem Leben*

„Hanael Bücher mit Seele" Verlag

„Es gibt Bücher, in denen wir neue Welten entdecken und uns selbst finden, die uns Mut machen, unsere eigene Welt in ein Paradies zu verwandeln. Karin Erika-Luise Johanna Kolland schreibt und verlegt solche Bücher."

Bisher sind folgende Bücher erschienen:

Intuitives Reiki *nach Sensei Mikaomi Usui*
DER 1. GRAD, die kosmische Muttersprache
Karin E. J. Kolland
ISBN 3-900745-1-1

Intuitives Reiki *nach Sensei Mikaomi Usui*
DER 2. GRAD, die Symbole und ihre Anwendungen
Karin E. J. Kolland
ISBN 3-900745-0-3

Intuitives Reiki *nach Sensei Mikaomi Usui*
MEISTERGRAD, Lichtkörperentwicklung
Karin E. J. Kolland
ISBN 3900745-2-X

Das 1x1 der Kosmologie
alte und neue Lehren
Karin E. J. Kolland
ISBN 3-900745-4-6

CD Vergebung Friede Liebe
geführte Meditation
Karin E. J. Kolland
ISBN 3-900745-7-0

Wenn die Liebe Trauer trägt, die Hoffnung bewahren
spiritueller Roman
Karin E. J. Kolland
ISBN 3-900745-9-7

Im Chi der Mondin, wenn die Liebe Heilung schenkt
spiritueller Roman
Karin E. J. Kolland
ISBN 3-902383-01-1

Die Prophetin von Cassiopeia
spirituelles Essay
Karin E. J. Kolland
ISBN 3-902383-02-X

Ich - Tagebuch einer spirituellen Schülerin
spirituelle Erfahrungen
Christine Böhm
ISBN 3-902383-00-3

Und der Himmel führt Regie
spiritueller autobiographischer Roman
Karin E. J. Kolland
Kompetenzverlag ISBN 3-931142-00-0

N E U:

Out of Asyl
eine spirituelle Krise
Karin E. J. Kolland
ISBN 3-902383-03-8